KB111421

세븐 스플릿

마법의 계좌 분할 주식 투자 전략

세븐 스플릿

박성현 지음

액티브
ACTIVE

검증 거쳐 진화한
'세븐 스플릿'

이 책의 초판인 《1타 7피 주식 초보 최고 계략》은 지난 2020년 10월에 출간되었다. 나는 17년 동안 주식 투자에서 매일매일 잃기만 했다. 그러던 내가 투자 전문가나 고수가 아닌 '일반적이고 평범한 사람'도 주식 투자로 안정적인 수익을 얻을 수 있다는 것을 알았고, 그 기적 같은 경험을 전하고자 어느 투자 커뮤니티에 올린 글이 책으로 출간된 것이다.

그리고 3년이 지난 지금, '세븐 스플릿'이라고 이름 지은 이 방법으로 수많은 사람이 또 다른 기적을 만들어가고 있다. 어찌 보면 너무나도 단순한 '나누어 사고 나누어 파는 투자 방법'으로 이렇게 많은 사람이 '잃지 않는 안전한 투자'를 하게 되었으니 나 자신도 놀랍다.

책을 펴낸 후 나는 더 많은 경험을 했다. 그에 따라 많은 것이 달라졌고 전해야 할 내용도 더 많아졌다. 초판의 내용을 수정하고, 3년간의 공개 투자 내용과 매직스플릿을 소개하는 6장을 추가해서 새롭게 개정 증보판을 출간하는 이유다.

주식 투자가 고통스러운가?

통증은 있어도 문제지만 없어도 문제다.

뜨거운 것이 손에 닿으면 통증이 느껴진다. 그 통증 때문에 우리는 "앗, 뜨거워"라는 말과 동시에 재빨리 손을 뗀다. 통증을 느끼지 못해서 즉각 대처하지 않는다면 화상을 입을 것이고 심하면 손을 잃을 수도 있다. 이런 관점에서 보면 통증은 우리 몸을 보호하는 역할을 한다.

아프고 고통스러운 것이 더 큰 상처나 위험을 막아주는 역할을 하는 것은 투자의 세계에서도 유사하다. 우리는 돈을 잃으면 고통스러워한다. 돈의 크기가 클수록 그 통증은 칼로 베이는 물리적 통증이나 사랑하는 사람을 잃는 정신적 고통에 비견될 정도로 커진다. 돈을 잃었을 때 느끼는 고통은 어쩌면 더 큰 투자 실패를 겪지 않게 하기 위한 것일 수도 있다는 얘기다.

하지만 뜨거운 것에 데고 칼에 베이는 통증을 겪고 나서도 부주의했던 행동을 똑같이 한다면 통증은 계속되고 상처만 늘어날 것이다. 투자 역시도 돈을 잃는 고통을 겪었다면 그 원인을 파악해서 똑같은 실수를 반복하지 않도록 노력해야 한다. 투자하다가 큰돈을 잃는 고통은 부주의보다는 욕심에 의한 것인 경우가 많다.

이 얘기들을 종합해서 보면 생각보다 아주 깔끔하고 명확한 결론에 도달하게 된다. 투자에 욕심을 부리면 고통이 따른다는 인과관계가 만들어지는 것이다. 가벼운 통증은 우리 몸을 보호하는 역할을 하지만, 극심하고 지속되는 통증은 그 자체로 우리 몸과 정신을 망가뜨리는 병이다. 마찬가지로 가벼운 투자 손실은 보완해나가면서 더 큰 수익을 위한 밑거름으로 쓸 수 있지만, 감당하기 힘든 투자 손실은 그 자체로서 '투자 실패'일 뿐이다.

나누어 사고 나누어 파는 것은 이른바 '대박'을 노릴 수는 없는 투자 방법이다. 하지만 비싸게 사는 실수는 다음엔 더 싸게 사는 것으로 보완하고, 너무 싸게 판 실수는 다음에 조금 더 비싸게 파는 것으로 만회함으로써, 투자 손실을 감당할 수 있는 범위 안에 두어 투자의 고통을 최소화할 수 있다.

과식하면 속이 더부룩하고 불편해진다. 그 과정이 되풀이되면 결국 비만과 같은 만병의 근원이 만들어진다. 과욕역시도 처음에는 몇 번의 투자 실패일 뿐이지만 자꾸 반복되고 쌓이다 보면 투자를 포기하는 상황을 만들어내고, 마침내 죽을 때까지 일해야만 살 수 있는 최악의 결과를 초래하게 된다.

운 좋게 한 달 만에 1,000만 원을 번 사람은 한 달 만에 1,000만 원을 잃을 수도 있다. 하지만 한 달 만에 1만 원을 버는 경험을 쌓은 사람은 그다음엔 10만 원을 벌 수 있고, 또 그 경험이 쌓이면 그다음엔 100만 원, 또 그다음엔 1,000만 원을 벌 수 있게 된다.

크게 투자해야 크게 벌 수 있지만, 작게 투자해서 성공한 경험이 쌓인 투자자만이 크게 투자해도 성공할 가능성이 높기 때문에, 그 과정을 건너뛰려는 욕심은 멀리해야 한다.

주식 투자가 불편한가?

결과가 중요하지만 과정도 중요하다는 말이 있다. 이 말은 투자에도 통한다.

어떻게 하든 수익만 나면 되는 거 아니냐고 생각할지도 모른다. 하지만 투자는 예측이 불가능한 영역에 있으니 결과가 항상 좋을 수는 없다. 좋지 못한 결과에도 미리 대비해야 한다는 얘기다.

투자는 일반적으로 불안과 공포를 견뎌내는 만큼 큰 수익을 얻을 수 있는 구조다. 결과가 인내에 비례한다면 투자 성공은 열심히 하는 사람들의 몫이어야 한다. 하지만 실제로는 운 좋은 몇몇만이 달콤한 열매를 맛볼 수 있으니 열심히 공부할 이유도, 불안과 공포를 인내할 이유도 설득력을 잃는다. 결과를 모르는데 과정마저 불편한 일이라면 지속하기가 어렵기 때문이다.

운동을 열심히 하면 날씬해지고 건강해질 수 있다는, 그러니까 결과가 어느 정도 보장된 일을 하는데도 불편하고 힘든 과정 때문에 쉬이 포기하는 것이 인간의 본성이다. 그러니 투자처럼 결과가 전혀 보장되지 않는데 과정까지 어렵고 힘든 일을 '계속해서' 견뎌내는 것은 불가능에 가깝다. 한두 번은 운 좋게 가능해도 여러 번 성공할 수는 없다.

나는 '잃지 않는 안전한 투자'를 지향한다. '잃지 않는'이라는 말에는 투자 결과에 대한 '목적'의 의미가 있다. 그 결과를 알 수는 없지만 최악의 상황은 피할 수 있고, 운이 따라준다면 기대 이상의 수익을 얻을 수도 있는 투자를 하려는 것이다.

또 '안전한'이라는 말에는 '편안함'의 의미가 있다. 시장의 거친 파도에 맞서 불안과 고통을 인내하는 것이 아니라 오히려 즐기는 구조의 투자를 하려는 것이다. 결과는 알 수 없지만 과정만은 불편하지 않은 방법이 존재하며, '내리면 나누어 사고, 오르면 나누어 파는 것'만으로도 충분히 가능하다.

투자 과정에 따라 '돈의 노예가 될지, 돈을 노예로 삼을지'가 결정된다. 내가 어제 산 주식의 가격이나 엔화의 환율이 궁금해서 일할 때도, 먹을 때도, 쉴 때도 스마트폰을 손에서 뗄 수 없다면? 돈은 나를 위해 일해주는 노예가 아니라 내 머리와 정신을 지배해 나를 노예로 삼는 주인이 된다. 그리고 그 끝도 좋을 수가 없다.

돈의 노예를 벗어나 돈을 부리며 지속 가능한 편안한 투자를 하고 싶은 이들에게 '세븐 스플릿'을 추천한다.

2024년 3월
박성현

따라 하기만 해도
효과적인 주식 투자 방법,
그런 게 있을까?

17년 동안 주식 투자를 하다 큰돈을 잃고 나서 '주식 투자는 도박'이라고 생각했던 적이 있다. 이후 카지노에서 진짜 도박을 하며 본질을 깨닫고 나서야 그 생각이 잘못되었다는 것을 알 수 있었다.

자본주의 사회에서 자본가가 될 수 있는 가장 쉽고 간단한 방법은 주식 투자다. 그런데 이 주식 투자는 도박이라는 오해를 받기도 한다. 이유는 간단하다. 주식 투자를 '도박처럼' 하기 때문이다. 즉 주식 투자에 문제가 있는 것이 아니라 주식 투자를 하는 사람에게 문제가 있는 것이다.

나는 '도박'이 아닌 '투자'를 하기 위해 노력했고, 내 나름의 비결을 만들어내기에 이르렀다. 그리고 이 비결을 내 아이 네 명에게 전하고자 했다. 이것이 이 글의 시작이다.

주식 투자를 '하는 것'과 '잘하는 것'은 크게 다르다. 인간의 두뇌는 주식 투자를 '잘하지 못하도록 설계되어 있다'는 이야기가 있을 정도다. 그뿐만 아니라 돈에 대한 인간의 끝없는 욕망은 주식 투자에 너무나도 큰 방해 요인이다. 난 20년 동안 주식 투자를 해오면서 무려 17년을 '초보 투자자' 수준에 머물러 있었다. 평범하고 일반적인 인간의 두뇌와 욕망을 가진 내게 이것은 전혀 비정상적인 일이 아니었다.

초보 투자자에서 벗어나기 위해 우선 '사람은 고쳐 쓰는 게 아니다'라는 말을 나 자신에게 적용했다. 나를 고치지 않고도 주식 투자를 잘하기 위해서는 나를 통제할 수 있는 일종의 알람, 즉 시스템이 필요하다고 생각했다. 그래서 만들어진 것이 바로 '세븐 스플릿(7분할 계좌 매매) 주식 투자 시스템'이었다.

시스템이 가동되자, 내가 변하지 않았음에도 불구하고 안정적인 주식 투자가 가능해지는 기적 같은 변화가 일어났다. 그런데 주식 투자에서 '매매의 방식'은 단순한 도구에 불과하다. 결국 주식 투자의 본질인 '좋은 회사에 투자하는 것'이 선행되지 않으면 그 어떤 '매매 비법'도 무용지물이 될 수밖에 없다.

나는 아주 자연스럽게 다음 단계인 '투자하기 좋은 회사를 찾는 일'로 넘어갔다. 그러고 나서 깨달은 것이 있다. 수십 년간 골프를 치면서도 드라이버와 아이언조차 구분하지 못하는 바보처럼, 나는 주식 투자에 대해 아무것도 모르고 있었다는 사실이다.

나는 PER, PBR, PSR, PCR, PEG, ROE, ROA 등 아주 기본적인 재무지표의 개념조차 모르고 주식 투자를 하고 있었다. 사업 보고서와 재무제표를 왜 읽어야 하는지도 몰랐다. 회사 분석을 하면서부터 '잃기만 하는 위험한 주식 투자'를 '잃지 않는 안전한 주식 투자'로 바꿀 수 있었고, 이렇게 그 비결을 다른 사람에게 전하게 되었다.

사실 내가 전하는 비결은 벤저민 그레이엄, 필립 피셔, 워런 버핏, 피터 린치 같은 현명한 투자자들이 '책'을 통해 전해준 것과 크게 다르지 않다. 현실과 내 처지에 맞게 '좋은 것'은 그대로 수용하고, '따르기 어려운 것'은 쉬운 방법으로 대체하며, '지키기 어려운 것'은 시스템을 통해 통제했을 뿐이다.

이 책은 크게 다섯 개 파트로 구분되어 있다. 1장에서는 내가 투자의 본질을 이해하게 된 과정을 다루면서 '주식 투자가 자본주의 사회에서 꼭 필요한 행위'인 이유를 살펴보았다. 2장에서는 내가 카지노에서 도박을 했던 경험에 비추어 '잃을 수밖에 없는 카지노'와 '잃지 않고 안전하게 수익을 만들어낼 수 있는 주식 투자'의 차이를 설명했다. 이러한 일련의 과정을 순차적으로 따라가다 보면 '잃지 않을 확률'이 점차 높아질 것이다.

3장에서는 주식 투자의 핵심이라 할 수 있는 '좋은 주식을 선별하는 과정'을 통해 잃지 않을 확률을 최대한 끌어올려 보았다. 그러나 주식 투자의 목적은 잃지 않는 것이 아니라 의미 있는 수익을 만들어내는 것이다. 4장에서는 가치투자를 통해 주식 투자에 성공한 경험을 다루었다.

마지막 5장에서는 앞에서 다루었던 주식 투자 이론과 철학을 '시스템화'한 '세븐 스플릿'을 소개했다. 일반 투자자라도 이 투자 시스템을 이해하고 적용한다면 잃지 않는 안전한 주식 투자가 가능해질 것이다.

주식 투자 방식은 개인의 성격, 개인의 환경, 개인의 투자 성향에 따라 다를 수밖에 없다. 따라서 내가 이 책을 통해 이야기하는 모든 것은 '자신에게 적합한 방식'으로 다듬어야 할 것이다. 하지만 단언컨대 이 쉽고 간단한 방식을 사용한다면, 지금까지 겪지 못했던 새로운 경험을 얻게 될 것이다.

따라 하기만 해도 효과적인 주식 투자 방법? 그런 게 있을까? 있다! 여기에!

2020년 10월
박성현

차례

3장 좋은 주식 고르기

4장 시장을 이기는 주식 투자

5장 세븐 스플릿 실전 투자 전략

6장 한 단계 더 진화된 세븐 스플릿

seven SPLIT

1장

투자의 시작,
자본가로 가는 길목

노동주의가 아닌
자본주의 사회

'월급을 한 푼도 쓰지 않고 20년을 모아야 서울에서 아파트 한 채를 살 수 있다.'

누구나 한 번쯤은 들어보았을 경제신문 기사 타이틀이다. 하지만 아파트 값이 오르기 전에 대출이라는 레버리지를 이용하거나 갭 투자 같은 자본주의적 도전을 통해 스스로의 힘으로 내 집 마련에 성공한 사람도 있다. '노동'으로는 불가능한 일을 '투자 행위'로 가능하게 한 것이다. 노동보다 자본의 가치를 더 중시하는 '자본주의 사회'이기에 가능한 현실이다.

서울 서대문구 아현동 가구거리에서 가구 사업을 하는

사장 중에는 부자가 많다고 한다. '그곳에서 가구 사업을 하는 사장은 장사 수완이 좋은가 보다' 하는 것은 순진한 생각이다. 가구 사업을 하려면 제작이든 유통이든 비교적 큰 규모의 부지를 확보해야 한다. 그렇게 오래전 사업을 위해 매입한 토지의 가격이 천정부지로 뛰어오른 덕분에 토지 일부를 매각하면서 큰돈을 번 것이 그들을 부자로 만든 결정적 이유였다. 정작 가구 사업으로 번 돈보다는 '본의 아니게' 부동산 투자로 부자가 되었다는 이야기가 숨겨져 있는 것이다.

이렇듯 자본주의 사회에서 돈을 버는 것은 자본가다. 그리고 자본가가 되기 위해서는 회사를 경영해야 한다. 하지만 '회사 경영'은 대부분의 사람에게 '할 수 없는 일'이다. 회사는 자본이 있어야 하는데 규모가 너무나 크다.

다행히 인류가 발명해낸 '주식 거래'라는 시스템 덕분에 우리는 적은 자본으로도 회사의 주주가 될 수 있다. 100억 원짜리 토지를 100명이 함께 산다면 한 사람당 1억 원만 있으면 된다. 100억 원의 토지에서 창출되는 수익은 고스란히 토지의 주인에게 돌아간다. 만약 1억 원만큼의 주인이라면 1%만큼의 수익 배분 권리가 생기는 것이다.

주식 투자는 토지 투자처럼 '수익을 발생시키는 수단인

회사'의 주인이 되는 행위다. 1%만큼을 소유하게 된다면 회사가 만들어내는 수익의 1%가 곧 자신의 것이 된다.

주식 투자로 하는
부동산 투자

나는 부동산 투자로 적지 않은 돈을 벌었다. 현재 내가 가진 자산의 절반 이상이 부동산 투자로 얻은 수익이다. 하지만 나는 현재 부동산 투자보다는 주식 투자에 더 큰 매력을 느끼고 있다. 주식 투자가 부동산 투자보다 훨씬 더 유리하기 때문이다.

일반적인 부동산 투자의 경우 막대한 투자 자금이 필요하고 양도세나 보유세 등 세금 역시 부담스럽다. 환금성 또한 좋지 않아, 갑자기 현금이 필요할 경우 유연하게 대처하기 힘들다. 하지만 주식 투자는 적은 금액으로도 실행이 가능하며, 부동산 투자에 따른 세금과 비교하면 세제가 간단하고 세액 역시 그리 부담스러운 수준이 아니다. 매도 결정 후 이틀이면 해결되는 환금성은 자세한 설명을 생략해도 될 듯하다.

그런데 이처럼 부담스러운 부동산 투자를 주식 투자를 통해 할 수 있다. 바로 가치 있는 부동산 자산을 많이 가지고 있는 회사에 투자하는 것이다. 회사는 개인보다 더 많은 자금을 가지고 있다. 또한 상장사는 일반 회사보다 더 큰 자금을 운용한다. 부동산 투자는 대규모 자금이 소요되기 때문에 개인보다 회사에 유리할 수밖에 없는 구조다. 따라서 빌딩을 10채 사는 것보다 빌딩 10채를 가지고 있는 회사에 투자하는 것이 더 효과적일 수 있다.

심지어 어떤 회사는 실제로 50억 원에 거래되는 빌딩의 장부상 가격을 20년 전 가격인 10억 원으로 기재해놓기도 했다. 이 빌딩을 10채 가지고 있는 회사가 부동산 자산을 500억 원으로 기재하고 시가총액이 100억 원이라고 했을 때, 과연 이 회사의 주식을 사지 않을 이유가 있을까? 이 회사의 실제 자산은 500억 원인데 회사의 가격이 100억 원인, 상식적으로 이해가 잘 가지 않는 현상이 빚어지게 되는 것이다.

서울시 영등포구의 타임스퀘어를 보유하고 있는 '경방'의 부동산 자산은 2018년 2월 기준 7,000억 원에 달한다(건물을 제외한 토지만). 2023년 11월 기준 경방의 시가총액은 2,371억 원 수준이다. 2,371억 원으로 경방을 통째로 인수한 후 토지를 모두 매각한다면 곧바로 4,629억 원의 시세 차익을 얻을 수 있다는 계산이 나온다. 물론 세금이라든지 부채라든지 하는 여러 가지 변수가 있겠지만 그럼에도 불구하고 매우 비정상적인 상황이라는 것에는 변함이 없다.

이러한 일이 벌어지는 이유 중 하나로 경영권 상속 문제가 있다. 상속세를 부담해야 하는 대주주의 입장에서는 주가가 올라 시가총액이 높아지는 것이 반갑지 않은 것이다. 가치투자의 가장 기본적인 개념은 '주가는 결국 회사의 내재가치에 수렴한다'는 것이다. 이 개념에 따르면 상속세 때문이든 대주주의 도덕성 때문이든 시간이 걸리더라도 결국 회사의 주가는 보유 자산의 가치에 근접한 방향으로 움직일 수밖에 없다.

자산은 부족하지만 좋은 제품과 서비스로 꾸준한 이익이 예상되는 회사, 그리고 주력 사업이 사양길로 접어들었지만 오랜 업력으로 많은 자산을 쌓아왔고 공장 부지가 개발되어 부동산 자산 가치가 지속적으로 상승하고 있는 회사 모두 저마다 다르지만 분명 투자할 만한 나름의 이유가 존재한다.

주식 투자를 하면
죽을 수도 있다

세상에는 진짜로 착각하기 쉬운 가짜 이야기가 많다. "끼니를 거르면 건강에 좋지 않다." "선풍기를 틀어놓고 자면 죽을 수도 있다."

다이어트나 선풍기 사용법 정도의 잘못된 상식은 우리의 삶에 큰 영향을 끼치지 못한다. 하지만 주식 투자가 도박이라는, 그래서 돈을 잃기 쉽고 위험하니 절대로 하면 안된다는 잘못된 상식은 큰 문제가 될 수 있다. 앞서 이야기했듯 우리는 자본가가 노동자보다 훨씬 유리한 자본주의 사회에 살고 있기 때문이다.

이는 교통사고가 두려워 자동차를 타지 않고 걸어 다니는 것과 같다. 대부분의 교통사고는 운전자의 과실, 즉 과속이나 신호 위반 등 잘못된 운전에서 비롯된다. 자동차라는 교통수단의 문제가 아니라 운전자의 문제일 가능성이 크다.

불규칙하고 예측이 어려운 일들은 도박의 수단이 될 수 있다. 명동 거리 한복판에 작은 원을 그려놓고 빨간색 모자를 쓴 사람이 그 원을 밟고 지나간다는 데 돈을 걸 수도 있고, 내일 오전에 비가 올지 안 올지를 놓고 베팅을 할 수도 있다. 내가 하고 싶은 이야기는, 행인의 모자 색깔이나 날씨는 도박의 대상이 될 수는 있으나 도박 그 자체는 아니라는 것이다.

주식의 등락은 예측이 불가능에 가깝기 때문에 도박의 대상이 되기 쉽다. '내일 종합주가지수가 1% 이상 상승한다'를 가지고 내기를 할 수 있는 것이다. 또한 아주 정교하고 편리하게 구축된 증권시장의 거래 시스템은 돈을 걸고 예측이 맞으면 그에 따라 정확한 보상이 지급되기 때문에 도박으로서의 필요충분조건이 아주 잘 갖추어져 있다. '도박적인 구조'가 잘 이루어져 있는 것이다.

도박성이 농후한 이 도구, 즉 주식 거래 시스템을 가지고 도박이 아닌 투자 행위를 한다는 것은 어찌 보면 무척이나 어려운 일이다. 이 때문에 나는 도박성 짙은 시스템을 투자에 적합한 시스템으로 바꾸어야겠다고 생각하게 되었고, 여러 가지 고민 끝에 계좌를 두 개로 나누었다. 그리고 첫 번째 계좌에서는 장기 투자를, 두 번째 계좌에서는 단기 트레이딩을 하는 구조를 짜보았다.

첫 번째 계좌에서 자주 일었던 단기 수익 실현에 대한 욕심과 욕구는 두 번째 계좌에서 충족되었고, 두 번째 단기 트레이딩 계좌에서 놓치는 장기 투자의 혜택은 첫 번째 계좌에서 충족할 수 있었다.

주식 거래 계좌를 둘로 분리하는 단순한 변경만으로도 도박성의 위험을 어느 정도 해소할 수 있다니, 정말 놀라운 발견이었다. 이어서 과연 이러한 행위가 실제 수익률에도 도움이 될지 분석해보았다.

Case 1 '단일 계좌: 일괄 매수 후 보유'는 초보 투자자들이 흔히 행하는 거래 방식으로, 최초 매수할 때 투자금을 모두 투입하는 방식이다. 주가가 최초 매수 후 10% 하락, 10% 상승, 또다시 10% 하락, 다시 10% 상승하는 과정을 겪었다고 가정해보면 수익률은 -2%가 된다. 10% 상승과 하락이 반복되면 주가가 제자리로 돌아갈 것이라는 생각은 주식의 복리 시스템을 이해하지 못하는 초보 투자자들이 흔히 하는 실수다. 이는 분할 매수라는 아주 단순한 원칙을 지키지 않은 대가라 할 수 있다.

Case 2 '단일 계좌: 분할 매수 후 보유'는 일반적인 분할 매수 방식이다. 평단가를 낮추는 효과는 있지만 반등 시 수익 실현을 하지 않아 결국 3.5%의 수익에 만족해야 한다.

이와 달리 Case 3 '분할 계좌: 분할 매수 및 매도'는 계좌

Case 1 - 단일 계좌: 일괄 매수 후 보유

계좌	초기 투자	10% 하락	10% 상승	10% 하락	10% 상승
1차 매수	200(매수)	180	198	178	196
잔고		180	198	178	196
수익률		−10.0%	−1.0%	−10.9%	−2.0%

Case 2 - 단일 계좌: 분할 매수 후 보유

계좌	초기 투자	10% 하락	10% 상승	10% 하락	10% 상승
1차 매수	100(매수)	90	99	89	98
2차 매수		100(매수)	110	99	109
잔고		190	209	188	207
수익률		−5.0%	4.5%	−6.0%	3.5%

Case 3 - 분할 계좌: 분할 매수 및 매도

계좌	초기 투자	10% 하락	10% 상승	10% 하락	10% 상승
1번 계좌 – 1차 매수	100(매수)	90	99	89	98
2번 계좌 – 1차 매매		100(매수)	110(매도)		
2번 계좌 – 2차 매수				110(매수)	121
잔고		190	209	199	219
수익률		−5.0%	4.5%	−0.5%	9.5%

를 나누어 매매를 진행한다. 1번 계좌가 매수한 후 주가가 10% 하락했을 때 2번 계좌의 1차 매수를 실시한다. 이어서 주가가 첫 번째로 10% 상승했을 때 2번 계좌의 1차 매수분을 매도해서 수익을 실현하고, 두 번째로 10% 하락했을 때 2번 계좌의 2차 매수를 실시한다. 그래서 매도 없이 보유한

Case 1의 수익률이 -10.9%, Case 2의 수익률이 -6.0%인 데 비해 Case 3의 수익률은 -0.5%에 그친다.

그리고 두 번째로 10% 상승했을 때는 Case 1의 수익률 -2.0%, Case 2의 3.5%보다 월등하게 높은 9.5%를 달성한다. 1번 계좌는 장기 투자를 진행하고 2번 계좌는 트레이딩을 반복하면서 현금흐름을 창출한 효과가 나타난 것이다.

이러한 현상은 사실 주가가 상승만 하는 경우에는 해당하지 않는다. 하지만 '내가 사면 주가가 하락하는 경험'을 자주 한 투자자에게는 유용한 투자 방법일 것이다.

이 투자 방법을 보완하고 싶다면 시스템을 조금 더 정교하게 설계할 수 있다. 일정 기간에 이를 때까지 또는 목표 수익률을 달성할 때까지 절대 팔지 않는 장기 투자용 주식을 따로 설정해놓는 것도 하나의 방법이다(실제로 내가 투자에서 활용하는 방법이다).

주가가 계속 하락하다 결국 상장폐지가 되는 경우도 있다. 따라서 '내재가치가 충분한 주식'에 투자하는 것이 무엇보다 중요하다. 종목 선정 방법에 대해서는 뒤에서 구체적으로 다룰 것이다.

나는 앞에서 언급한 '계좌 분할'을 실제로 테스트해보았다. 그 결과 도박성 강한 주식 거래 시스템이어도 나의 투자 성향과 거래 패턴에 맞게 조정한다면 위험성을 크게 낮출 수 있다는 결론에 이르렀다. 이것은 주식 투자를 하다가 죽을 가능성을 크게 낮추는 투자 시스템, 즉 뒤에서 언급할 '세븐 스플릿(7분할 계좌 매매)'의 기본 개념을 만드는 근간이 되었다.

사람은 고쳐 쓰는 게 아니다

'사람은 고쳐 쓰는 게 아니다'라는 말이 있다. 나는 이 말에 대해 절반 정도는 동의한다. 이 세상에는 노력으로 되는 일과 그렇지 않은 일이 있다고 생각하기 때문이다. 주식 투자의 경우 좋은 책과 글을 읽는 것만으로도 투자철학의 변화를 경험할 수 있다. 나 스스로도 그러한 '고침'을 경험했고, 많은 사람이 공부를 통해 변화하는 모습을 목격했다.

　하지만 아무리 노력해도 고치기 힘든 부분이 있었으니, 그것은 바로 '투자 심리'다. '일희일비하지 말라'라는 주식 투자 격언은 말처럼 쉽지 않다. 큰 수익률에 기뻐하지 않을 사람이 얼마나 있을 것이며, 큰 손실에 고통스러워하지 않을 사람은 또 얼마나 있을까. 먹으면 배가 부르고 맞으면 아픈 것은 인간의 본능이기에 이를 스스로 제어한다는 것은 불가능에 가깝다.

나는 주식 투자에 100% 확신이란 있을 수 없기에 주가의 등락에 따라 일희일비하는 것 또한 투자자가 제어할 수 없는 영역에 있다는 결론을 내렸다. 그리고 이를 제어하는 유일한 방법은 '시스템'을 도입하는 것이라고 생각했다.

배가 부르지 않으려면 먹는 것을 제한해야 한다. 배부른 느낌 자체를 없앨 수는 없다. 아프지 않으려면 맞지 않아야 한다. 아픈 것을 참기는 어렵다. 이러한 생각이 이 시스템을 만들게 된 기본 배경이다.

'하루하루 주가에 연연하지 말라'라는 좋은 말은 스스로 제어할 수 있는 것이 아니다. '하루하루 주가에 연연하지 않을 만큼만 투자하라'라고 이해해야 한다. '술을 마시지 말라'라는 말은 지키기 어렵지만 '술을 적당히 마셔라'라는 말은 지킬 가능성이 높아진다. 마찬가지로 '장기 투자를 하라'라는 말은 지키기 어렵지만 '반은 장기 투자를 하고 반은 언제든 수익 실현을 해도 된다'라고 기준과 원칙을 완화하면 잘못된 투자 습관을 쉽게 고칠 수 있다.

내가 7분할 계좌 매매, 즉 세븐 스플릿이라는 투자 방식을 고안한 이유가 바로 이것이다. 계좌를 여러 개 운용하면서, 어떤 계좌는 확고한 가치투자의 정석대로 투자하고 또 어떤 계좌는 인간 본연의 욕망에 충실한 방식으로 투자하는 시스템을 구축한 것이다. 이는 기상용 알람을 켜두는 것과 비슷하다. 스스로 잠에서 깨어나는 것이 어렵고 힘들다면 알람이라는 시스템의 도움을 받을 수 있다.

내 주장은 '원칙을 수립하고 지켜야 한다'가 아니다. 원칙을 수립하는 것은 쉽지만 지키는 것은 너무나 어렵다. 그 원칙을 강제적으로 지킬 수밖에 없는 시스템을 만드는 것이 중요하다. 알람의 도움을 받아 매일 아침 6시에 일어나는 것을 반복하다 보면 알람이 없는 휴일에도 저절로 눈이 떠진다. 시스템이 습관을 만들어주는 것이다.

좋은 투자 습관을 만들어내는 것도 원칙의 수립이나 의지만으로는 불가능하기 때문에 각자의 투자 성향과 기준에 맞는 알람, 즉 시스템이 필요하다.

seven 7 split

2장

카지노 옆 주식 거래소

도박이 가장
쉽지 않았어요

과거에 나는 도박으로 돈을 벌 수 있다고 생각했다. 그리고 많은 사람의 예상과 다르게 실제로 돈을 벌었다. 도박을 한다고 하면 바로 떠오르는 것이 폐인, 중독자, 실패자 같은 부정적 단어일 것이다. 하지만 나는 놀랍게도 그 살벌한 도박판에서 알뜰하게 수익을 챙겼다. 내가 도박을 재테크 수단으로 승화시킬 수 있었던 것은 피땀 어린 연구와 노력 덕분이었다.

하지만 안타깝게도 도박의 수익률은 그리 높은 편이 아니었다. 내가 들이는 시간과 노력, 그리고 도박이 가진 대표적 특성인 위험성을 감안했을 때 수익성은 한마디로 '별로'였다.

내가 도박으로 돈을 번 비결은 리스크 관리에 있었다. 소액 베팅을 통해 안정적으로 게임을 운영했고, 운에 기대지 않는 확률을 시스템에 적용했다. 도박도 투자의 한 형태가 될 수 있다는 것을 스스로 증명한 셈이었다. 하지만 나의 게임 방식은 '하이 리스크, 하이 리턴'이라는 도박의 본질을 '로 리스크, 로 리턴'이라는 정반대 개념으로 뒤집은 것이었기에 수익의 규모를 키우는 데는 한계가 있었다.

결국 채산성 문제를 극복하지 못했고, 도박사의 길에는 먹구름이 끼었다. 도박으로는 더 이상 희망이 없다는 것을 깨달았고, 카지노에서 힘들게 체득한 게임과 베팅 기술을 활용할 만한 것이 또 있는지 찾아보게 되었다.

다행히 세상에는 도박과 비슷한 것이 많았다. 부동산, 경매, 주식, 채권, 환율 등 '자본 베팅에 따른 수익 추구'라는 공통분모를 가진 행위가 차고도 넘쳤다. '투자' 혹은 '투기'라는 이름으로 불리는 것들이 레이더에 포착되었고, 나는 도박을 연구하듯 그것들을 공부해서 마침내 이렇게 생각하게 되었다.

'이것들에 비하면 도박이 가장 쉽지 않았구나.'

세상에서 가장 위험한 투자인 도박에 베팅해본 내게 부

동산이며 주식은 너무나도 안정적인 투자 대상처럼 보였다. 도박이 눈을 감고 더듬더듬 가시밭길을 헤매는 것이었다면, 주식 투자는 최첨단 내비게이션이 장착된 벤츠를 몰고 잘 포장된 고속도로 위를 달리는 것이었다.

도박으로 10만 원을 베팅하면 단 몇 초 사이에 결과가 나온다. 내 선택을 곱씹을 겨를도 없이 승패가 결정된다. 하지만 10만 원으로 산 주식은 다르다. 물론 가치 있는 회사의 주식을 사야 한다는 전제가 필요하지만, 도박에 비한다면 엄청난 안정성을 지니고 있다.

나는 생각했다. '그 위험천만한 도박으로도 돈을 벌었는데 이렇게 안전한 주식으로 돈을 벌지 못할 이유가 있을까?' 호랑이 굴에 들어가도 정신만 차리면 살 수 있다는 말은 도박판에서도 통한다. 그 호랑이 굴에서도 살아남은 내가 토끼 굴에서 살아남지 못할 이유는 없었다. 더 나아가 호랑이 굴에서 살아남은 비결을 토끼 굴에서 헤매는 사람에게 알려주는 것도 의미가 있을 것 같았다.

시스템에 대한 생각을 하지 못했던 과거에 주식 투자로 큰돈을 날린 적이 있었다. 도박 같은 주식 투자는 앞으로 절대 하지 않겠다고 다짐했고 실제로 몇 년간 끊기도 했다. 아이러니하게도 그때 나는 '진짜 도박'을 시작했다.

주식을 끊고 도박을 시작했다는 것은 술을 끊고 마약을 시작했다는 것처럼 웃기는 일이었다. 하지만 나는 술이 문제라며 마약을 할 수밖에 없었던 이유를 깨달았고 지금은 기분 좋게 술을 잘 마시고 있다.

초심자의 행운과
본전 생각

재미로 혹은 호기심으로 들어간 카지노에서 '초심자의 행운'을 경험했다면 그것은 '비극의 시작'이다. 아무 생각 없이 베팅했던 1만 원이 5만 원이 되고 10만 원이 되는 순간 '나 자신도 몰랐던 재능이 있는 것일까?' 하는 착각과 함께 도박의 검은 유혹에 빠진다.

카지노는 넉넉한 마음으로 초심자의 행운을 쉽게 허락한다. 하지만 한번 걸려든 호구를 순순히 놓아주는 일은 없다. 짧은 시간에 1만 원으로 10만 원을 만드는 기적을 체험한 호구는 '100만 원을 베팅했더라면 1,000만 원이 되었을 텐데'라는, 평소에는 가까이하지 않았던 수학의 오묘함에 빠져들게 되고, 결국 전 재산은 물론이고 손모가지까지 내

주게 된다.

이러한 초심자의 행운은 카지노에서만 벌어지는 것이 아니다. '인사팀 김 대리가 주식으로 1,000만 원을 벌었대'라는 말을 듣고는 '그 어리바리한 김 대리가? 그렇다면 나도 가만있을 순 없지'라고 생각하며 주식 계좌를 개설한다.

첫 투자금은 보통 100만 원 정도다. 10만 원은 너무 적고 1,000만 원은 너무 크기 때문이다. 나 역시 첫 주식 계좌 개설 후 입금한 금액이 100만 원이었다. 이것은 처음부터 아무 생각 없이 주식에 투자했음을 보여주는 명백한 증거이기도 하다. 얼마를 투자해서 얼마의 수익을 얻어야겠다는 투자 전략 따위는 없었고, 100만 원은 그저 경험 삼아 한번 해보는 투자에 적당한 돈이었을 뿐이다.

투자 행위에서 가장 중요한 '자본'을 아무런 생각 없이 투자한 사람의 머릿속에 가치투자나 회사 분석 따위가 들어 있을 리 만무하다. 하지만 도박판과 마찬가지로 주식시장 역시 어리바리한 호구를 두 손 들어 환영한다. 100만 원이었던 주식 잔고가 110만 원이 되는 순간 '어? 버핏 그 양반, 별거 아니었네'라는 자신감과 함께 '1,000만 원을 투자했더라면…' 하는 생각으로 추격 매수를 시작한다. 비극은 이렇게 시작된다.

도박에 빠진 사람이 그 수렁에서 헤어나지 못하는 가장 큰 이유는 '본전 생각'이다. 도박으로 10억 원을 날린 사람의 목표는 5억 원도 20억 원도 아니고 딱 10억 원이다. 도대체 언제까지 도박을 할 거냐고 물어보면 '본전을 찾을 때까지'라고 답하는 경우가 대부분이다.

그러나 도박이 중단되는 일은 죽거나 도박할 돈이 더 이상 없는 경우일 때가 태반이다. 안타깝게도 주식 투자는 본전 생각까지 도박과 꼭 닮았다. 주식 투자를 도박처럼 하는 사람에게 그 끝은 도박과 다르지 않을 것이다.

나는 주식 투자에서 호구가 되지 않는 방법을 생각해보았다. 이미 오랜 기간 호구로 살아온 내게 주식시장이 건네주는 초심자의 행운 따위는 처음부터 통하지 않았다.

내가 카지노에서 돈을 딸 수 있었던 비결 중 하나는 절대로 무리한 베팅을 하지 않는다는 대원칙을 지킨 것이다. 조금 더 명확히 말하면 최소 베팅으로만 게임을 운영하는 방법이었다. 카지노 내에서 가장 적은 돈으로 베팅이 가능한 테이블을 찾았고, 가장 적은 금액만 베팅했다. 따라서 돈을 땄을 때 크게 기쁘지 않았지만 돈을 잃었을 때도 전혀 흔들리지 않았다. 투자를 하는 데 가장 큰 리스크인 '멘털 붕괴' 자체를 원천에 차단할 수 있었던 것이다.

더 많이 벌 수 있었다는 아쉬움과 본전 생각은 내 자금 사정과 무관하게 무리한 투자를 유발하면서 투자를 투기로 변화시킨다. 성공한 투자자들이 한결같이 '여유 자금으로 투자하라'라고 조언하는 이유가 여기에 있다. 적은 수익에 만족할 수 있어야 하며, 투자 경험이 어느 정도 쌓이기 전까지는 자신의 경제 사정을 고려해 본전 생각이 나지 않을 만큼의 여유 자금으로 투자해야 한다.

나는 한 달 동안 100만 원을 투자해 1만 원의 수익을 내도 매우 만족하는 편이다. 혹자는 투자라고 할 수도 없는 실패라고 이야기할 것이다. 하지만 생각해보자. 100만 원을 연 3%의 1년 만기 정기 예금에 넣으면 한 달 수익은 고작 2,000원 정도다. 주식 투자로 정기 예금의 다섯 배 수익을, 그것도 1년이 아닌 한 달 만에 실현한 것이다.

베팅할 때 버려야 하는
사소한 것

카지노에는 도박 말고도 할 수 있는 것이 많다. 흥청망청, 돈을 귀하게 여기지 않는 자유로운 분위기에 맞게 다양한 음료가 무료로 제공되며 화려한 쇼도 진행된다. 그런데 신기하게도 쇼를 구경하는 사람은 그리 많지 않다. 도박에 빠져 있는 그들에게 쇼는 관심사가 아닌 것이다.

도박을 하는 사람이 빠져드는 것은 게임이 좋아서가 아니라 돈에 집착해서다. 배당금 없는 경마, 당첨금 없는 복권, 판돈 없는 고스톱처럼 돈과 관계없는 게임은 재미가 없을 것이다. 그들에게 재미는 곧 돈에 대한 욕망이다. 이 욕망은 너무나도 강해서 그 어떤 유명한 공연도, 그 어떤 화려한 쇼도 '노잼'으로 만들어버린다.

이러한 욕망에 사로잡힌 사람에게 카지노는 가혹하고 처참한 결과를 안겨준다. 쉬지 않고 게임에 빠져들다 보면 체력의 한계로 인해 판단력 결핍이 찾아온다. 마인드 컨트롤이 베팅의 성패를 가르는 도박의 특성을 고려하면 이는 매우 위험한 상황이다.

실제로 생계형 도박사, 즉 도박이 직업인 프로 갬블러는 오랜 시간 테이블 앞에 앉아 있지 않고 쇼를 즐기는 등 휴식을 취해가며 게임을 한다. 직장인이라면 휴식 없이 일했을 때와 즐거운 티타임을 가진 후 일했을 때의 차이를 생각해보라. 하물며 엄청난 정신적 스트레스를 동반하는 도박을 휴식 없이 계속한다면 좋은 결과를 얻기 힘들 것이다.

주식 투자를 하는 많은 사람이 삼성전자, SK하이닉스 등 시가총액 상위 종목, 즉 대형주에 투자하는 것은 재미가 없다고 말한다. 주가 등락이 크지 않아서 단시간에 큰돈을 벌 수 없기 때문이다. 그래서 재미있는 소형주나 테마주를 공략한다. 하한가에 사서 상한가에 팔면 단 하루에 수익률 85%를 달성할 수도 있다.

단 몇 분 만에 주식을 사고파는 '단타 트레이딩' 역시 주식 투자에서 빼놓을 수 없는 '꿀잼' 요소다. 변동성 높은 테마주를 단타로 트레이딩한다면 재미는 배가된다.

도박은 분명 재미있는 행위다. '신선놀음에 도낏자루 썩는 줄 모른다'라는 말이 딱 들어맞는다. 그러나 나는 도박을 재밌거리가 아니라 수익 창출 도구로 생각했다. 도박에서 재미를 느낀다는 것은 돈에 대한 욕망으로 돈을 벌 수 없게 된다는 뜻이다.

나는 소액 베팅을 통해 돈을 한 번에 많이 따는 일 자체를 차단했고, 이것이 신중한 판단력을 게임 내내 유지한 비결이었다. 도박을 오락이 아닌 돈벌이 수단이라고 생각하자 쇼에 눈이 가기 시작했다. 일보다는 쇼가 즐거우니까.

그리고 카지노에서 경험한 것을 주식 투자에 응용해보기로 했다. 재미있는 소형 테마주 투자와 짜릿한 단타 트레이딩을 차단하고 재미없는 대형 가치주와 더 재미없는 장기 투자를 하기로 했다. 내가 주식 투자를 하게 된 것은 재미있고 싶어서가 아니라 돈을 벌기 위해서였기 때문이다.

그러자 놀라운 일이 벌어졌다. 주가가 떨어져도 쉽게 동요하지 않았고 주가가 올라도 의연할 수 있었다. 물론 그 이면에는 '투자'보다 몇 배 더 재미없는 '투자에 대한 공부'도 필요했다.

오락을 즐기고 싶다면 놀이공원에 가야 하고, 돈을 벌고 싶다면 도서관에 가야 한다. 투자를 하기 위해서는 재미 같은 사소한 가치는 헌 신발짝처럼 팽개쳐버려야 한다.

주식 투자는 재미로 하는 것이 아니다. 돈을 벌기 위해 하는 것이다. 이 단순하고도 명확한 사실을 외면하고 재미를 추구한다면 얻게 되는 것은 큰 손실일 뿐이다.

올인하는 노름꾼, 몰빵하는 투자자

많은 사람이 도박 하면 '올인'을 떠올린다. 올인은 가지고 있는 돈을 한 판에 전부 거는 것을 말하는데 유명한 드라마 '올인' 덕분에, 도박을 잘 모르는 사람에게도 익숙한 단어가 되었다.

돈을 따고 있을 때는 절대로 올인을 하지 않는다. 올인은 대개 돈을 거의 다 잃고 나서 적은 금액의 베팅으로는 더 이상 본전에 이르지 못한다는 판단이 설 때 외치게 된다. 타짜 고니가 확신에 차서 전 재산과 손모가지를 걸고 올인을 외치는 것은 영화 속 이야기일 뿐이다. 도박판에서는 확신이라는 것이 전혀 통하지 않는다는 것을 갬블러는 다 알고 있다. 홀짝 게임에서 홀이 연속해서 1,000번 나왔다 하더라도 그다음에 짝이 나올 가능성은 확률상 여전히 50%일 뿐이다.

주식 투자에서도 올인은 좋은 상황보다 나쁜 상황에서 더 많이 일어난다. 가치주만 선별해 분산투자를 했어도 얼마 안 가 계좌를 보면 가장 많이 하락한 종목 하나에 '몰빵한' 상태가 되어 있지 않던가. 나 역시 주식 호구 시절 분산투자를 한답시고 종목을 10개로 나누어 균등하게 투자해 놓고는, 오른 종목은 팔고 내린 종목은 더 사는 것을 반복하다 결국 단 한 개 종목만 보유하게 되는 경우가 많았다.

좋은 회사의 주가는 오르고, 실적이 좋지 않거나 미래 가치가 낮은 회사의 주가는 내리는 것이 당연하지만, 주가가 오르면 차익 실현을 해서 투자를 중단하고 주가가 내리면 물타기를 계속해 오히려 비중을 늘리는 비합리적 행위가 주식 호구의 계좌를 파랗게 물들인다. 이러한 행위를 '꽃을 뽑고 잡초에 물을 주는 일'이라고 한다.

세상사가 그러하듯 좋은 일은 또 다른 좋은 일을 부르고 나쁜 일은 더 나쁜 미래를 만들어낸다. 올인에 성공한 노름꾼은 대부분 그 한 번의 성공에 만족하지 않는다. 두 배가 된 자산은 또 다른 올인을 위한 도박 자금이 된다. 몰빵으로 성공한 호구 투자자의 주식 잔고 역시 그 말로는 노름꾼의 주머니 사정과 다르지 않다.

그렇다면 올인을 하지 않으려면 어떻게 해야 할까? 나는 일단 올인이라는 상황 자체를 만들지 않아야 한다고 생각했다. 그러려면 베팅에 쓰는 돈이 내가 가진 전 재산보다 훨씬 적어야 했다.

1억 원을 주식에 투자하는 사람에게 100만 원의 정기 예금은 분산투자로서 가치가 없다. 효율적인 투자 포트폴리오를 구성하려면 위험성이 큰 투자 대상에는 적은 금액을, 안정성이 큰 투자 대상에는 큰 금액을 투자해야 한다.

도박은 매우 위험한 투자 대상이기에, 베팅하는 돈은 내가 가진 부동산이나 예금보다 훨씬 적어야 한다는 원칙을 세웠다. 도박으로 집문서를 날리는 일이 애초에 생기지 않도록 말이다. 심지어 도박 자금을 수치화해 관리했다. 하루에 카지노에서 쓸 수 있는 최대 금액은 내 전체 자산의 1% 이하, 한 번에 베팅하는 금액 역시 하루에 쓸 수 있는 도박 자금의 1% 이하로 정했다. 즉 내 전 재산이 1,000만 원이라면 카지노에 가져갈 수 있는 돈은 1,000만 원의 1%인 10만 원이 최대이고, 최대 베팅 금액은 10만 원의 1%인 1,000원이다.

나는 실제로 강원랜드 블랙잭 테이블에서 남들이 모두 한 번에 10만 원이나 20만 원을 베팅할 때 눈치 보지 않고 꿋꿋이 1,000원만 베팅했고, 그 테이블에서 돈을 딴 유일한 플레이어가 되었다. 자칫 경찰서행이 될 수도 있는 도박의 경험을 떳떳하게 말하는 것은 베팅 금액이 법으로 처벌받을 만큼 크지 않아서이기도 하다.

나는 올인을 원천적으로 차단한 것처럼 몰빵도 원천적으로 차단할 방법을 고안하기로 했다. 먼저 도박을 할 때와 마찬가지로 한 가지 규칙을 세웠다. 바로 '하나의 종목에 투자할 수 있는 금액의 상한선을 정해놓는 일'이었다. 예를 들어 그 금액을 1,000만 원으로 정한다면, 처음에 100만 원을 투자한 종목의 주가가 하락했을 경우 저점 매수나 추격 매수를 하더라도 그 상한선을 넘기지 않는 것이다. 상한 투자액 역시 도박을 할 때처럼 내가 가진 자산의 일정 비율 내에서 정해놓았기 때문에, 주가 하락이 있어도 마인드 컨트롤이 힘들어지지 않는 구조였다.

이 작은 원칙을 지킨 후 내 주식 계좌에 변화가 일어났다. 여러 종목에 분산해 투자한 계좌가 몇 달 후 하나가 되는 일은 변함이 없었다. 하지만 그 결과는 호구 시절의 그것과 완전히 달랐다. 여러 종목이 하나가 된 것은 그 하나의 종목만 뺀 모든 종목에서 차익 실현을 했기 때문이고, 그 수익은 남은 하나의 종목에 몰빵되지 않고 다른 종목에 투자할 대기 자금으로 현금화되어 있었다.

실패해도 좋은
투자 기회

카지노에서 이루어지는 게임 거의 대부분은 한 번의 베팅으로 승패가 결정된다. 옳은 결정이든 잘못된 결정이든 딱 '한 번'의 기회밖에 없다는 이야기다.

도박이 위험한 이유가 바로 여기에 있다. 심사숙고가 불가능한 확률 게임인 것도 모자라 잘못된 결정을 바로잡을 기회조차 주어지지 않는다.

하지만 수많은 게임 중 유일하게 선택을 조정할 수 있는 게임이 있다. 바로 블랙잭이다. 카드를 조합해 21에 가까운 숫자를 만들면 승리하는 이 게임은 '히트'와 '스탠드', 즉 추가 카드를 받을지 말지 선택하는 것으로 딜러와 승패를 겨룬다. 또한 '서렌더, 스플릿, 더블다운, 인슈어런스' 등 다양한 선택을 통해 베팅한 금액의 50%를 회수하거나 2배 이상을 추가할 수 있다.

이러한 '선택의 조정'은 주식 투자에서도 가능하다. 주식이 도박보다 훨씬 안전하다고 생각했던 것은 이 선택의 폭이 비교도 할 수 없을 만큼 넓기 때문이다. 내가 산 주식이 하락할 것 같으면 블랙잭의 '서렌더'처럼 주식 일부를 매도하는 손절매를 할 수 있고, 상승할 가능성이 높아지면 '더블다운'이나 '스플릿'처럼 추가 매수를 할 수도 있다.

많은 사람이 주식 투자가 블랙잭보다 어렵다고 생각하는 것은 선택해야 하는 경우의 수가 훨씬 많기 때문이다. 하지만 제한되지 않은 좋은 선택을 통해 손실을 줄이거나 수익을 높일 수도 있다는 생각도 해야 한다.

이미 매수한 주식은, 그 회사가 훌륭한 회사이든 아니든,

나의 기준에서는 주가가 상승하면 좋은 주식이고 하락하면 나쁜 주식이다. 회사의 가치는 주식을 매수하기 전에 고려할 사항일 뿐이다. 아무리 좋은 회사라 할지라도 주가 변동은 피하지 못하니 주가가 하락할 수 있다. 물론 반대의 경우도 있다.

내가 도박을 그만둔 후 첫 번째로 투자한 것은 미국 달러였다. 달러를 회사의 주식으로 본다면, 이것은 미국이라는 막강한 회사가 발행한 것이기에 망할 수 없다. 미국의 파산은 곧 전 세계의 파산일 수 있기에, 원화로 달러를 사는 것은 위험한 행위가 아니다. 이 때문에 달러와 엔화는 안전자산으로 불린다.

나는 이렇게 안전한 달러의 환율이 변동성을 가지고 오르락내리락하는 것을 포착했고, 도박으로 배운 마틴게일, 파롤리, 켈리 등 베팅 시스템 등을 접목해 다양한 시도를 해보았다.

1달러가 1,200원일 때 달러를 매수하는 것은 환율이 오른다는 확률에 베팅하는 것이다. 이것은 50%의 확률 게임이기에 도박과 다르지 않다고 생각할지도 모른다. 하지만 달러에 투자하는 것은 도박 게임에 베팅하는 것과 완전히 다르다. 도박에서는 달러의 가격이 단 1원이라도 내리면 베팅한 돈의 100%를 날리게 된다. 하지만 달러 투자에서는 그저 달러당 1원의 손해가 발생할 뿐이다.

혹자는 반대로 1원이 오르면 도박은 100%의 수익이 발생하고 달러 투자는 1원의 수익이 발생하는 것 아니냐고 반문할 것이다. 그렇다! 크게 먹고 싶은 사람은 주식 투자가 아니라 도박을 해야 한다.

이와 같은 이유로 주식 투자가 변동성에 큰 영향을 받을 경우 도박처럼 위험해진다. 나는 카지노 도박판에서 그랬던 것처럼 주식 투자에서도 안전제일을 최고의 전략으로 삼았다. 큰 수익을 얻기 위해서는 적은 자본으로 변동성이 큰 투자를 하든가, 많은 자본으로 변동성이 작은 투자를 해야 한다. 나는 큰 수익이 아닌 '그냥 수익'을 원했기에 리스크가 작고 안전한 방향을 선택했고, 그렇게 적은 자본으로 변동성이 작은 달러에 투자하게 되었다.

달러 투자는 도박과 비교해보면 극단적인 안정성을 가지고 있었다. 절대 망하지 않는 회사에서 발행한 주식이기에, 가격이 하락하더라도 투자 실패가 아니었다. 1,200원이던 환율이 1,100원으로 하락하면 그것은 손실이 아닌 기회가 되었다. 가치 있는 자산을 더 낮은 가격에 살 수 있는 것이다. 가격이 오르면 오르는 대로, 또 내리면 내리는 대로 투자에 성공한 것 같은 기분이 드는 기이한 경험이 시작되었다.

낮은 변동성은
잦은 거래로

변동성이 크지 않다는 것은 한 번의 투자로 큰 수익을 얻을 수 없다는 뜻이다. 따라서 변동성이 낮은 투자 대상으로 큰 수익을 얻기 위해서는 레버리지를 일으켜 큰돈을 투자해야 한다. 하지만 큰돈을 투자하는 것은 그 자체로 위험한 일이기 때문에 '변동성이 큰 대상에 적은 돈을 투자하는 것'과 '변동성이 작은 대상에 큰돈을 투자하는 것'은 똑같이 위험하다.

그런데 변동성이 작은 투자 대상에 적은 돈을 투자하면서도 수익을 높이는 방법이 있다. 바로 거래 횟수를 늘리는 것이다.

한 번의 거래에서 1% 수익을 얻는다면 10번 거래할 경우 10% 수익을 얻는다. 도박이 특히 위험한 것은 변동성이 '모 아니면 도' 정도로 클 뿐 아니라 베팅 횟수가 많기 때문이다. 바카라는 한 게임에 소요되는 시간이 3~5분 정도다. 돈을 빨리 잃고 싶다면 이 게임을 해야 한다.

나는 변동성이 작은 달러 투자에서 적은 돈이지만 거래 횟수를 늘리는 방법으로 수익률을 높일 수 있다고 생각했다. 단 1만 원, 단 10만 원의 수익도 귀하게 여겼고, 잃지 않는 것에만 집중했다. 작은 변동성을 보이며 끊임없이 등락을 거듭하는 달러 환율 덕에 수익은 계속 늘어갔고, 이것은 내가 카지노에서 최소 베팅으로 게임을 했던 것과 똑같은 결과를 가져왔다. 손실 폭은 제한적이었고 수익 폭 역시 크지 않았다.

이렇게 해서 나는 잃지 않아야 한다는 투자 원칙과, 아무리 적은 수익이라도 손실보다는 낫다는 투자철학을 지킬 수 있었다.

'1억 원을 투자해 1,000만 원 수익을 얻는 것'과 '1,000만 원을 투자해 100만 원 수익을 얻는 것' 중 어느 것이 더 가치 있을까? 당연히 전자라고 답하는 사람이 많겠지만 나는 정답을 모른다. 질문에 투자 기간이 명시되어 있지 않기 때문이다. 전자가 10년간 투자한 결과이고 후자가 1년간 투자한 결과라면 가치 판단은 달라진다. 전자는 연 1%의 수익률이지만 후자는 연 10%의 수익률이기 때문이다.

이러한 이유로 변동성이 작은 대상에 투자할 때 거래를 자주 한다면 높은 수익률을 기대할 필요가 없다. 낮은 수익률도 모이면 높은 수익률을 만들어내기 때문이다.

실제 달러 투자 사례로 설명해보겠다. 나는 1,000만 원을 달러에 투자해 단 몇 분 만에 3만 원 정도의 시세 차익을 얻고 매도한 적이 있다. 수익률로 따지면 0.3% 정도이니 주식 거래 시 세금 수준밖에 안 되는 미미한 수익이다. 하지만 몇 분 지나지 않아 환율이 다시 하락했고 나는 다시 같은 금액으로 달러를 매수했다. 곧 환율이 상승했고 나는 또다시 매도했다.

운 좋게도 그날 이런 식으로 5번 거래해서 15만 원이 넘는 수익을 올렸다. 투자 원금 1,000만 원에 비하면 여전히 투자 수익률은 1.5% 정도에 불과했다. 하지만 조금만 더 생각해보면 전혀 다른 결과가 도출된다. 1년의 수익이 아니라 단 하루의 수익이기 때문이다. 연 수익률로 환산해보면 무려 540%에 이른다.

쉽게 표현하면 단 하루만 예금할 수 있는 연이율 540%의 정기 예금 특판 상품에 가입한 것과 같다. 복리의 개념을 적용하지 않았으니, 실제로는 어마어마한 수익률이라 할 수 있다.

나는 달러 투자에서 얻은 교훈을 주식 투자에도 고스란히 활용하기로 했다. 잘 고르고 골라 달러처럼 믿을 만한 종목을 매수했다면, 주가가 하락할 경우 저가 매수의 좋은 기회로 삼고, 단 1%라도 수익이 발생하면 빠르게 실현하는 것이다.

대부분의 단타 트레이더가 변동성이 큰 소형주를 선택하는 것과 다르게 나는 안정적이고 굼뜨게 움직이는 대형주를 선택했고, 적지만 잦고 빠르게 수익을 추구했다. 내게 단타 매매는 위험하다는 이야기는 변동성이 크고 투자 가치가 낮은 주식에나 해당되는 것이었다.

그런데 나는 단타 트레이딩을 할 수 없었다. 내가 고르는 주식은 분초를 다툴 정도로 변동성이 크지 않았다. 또한 경제적 자유와 삶의 여유를 지향하는 나는 하루 종일 HTS를 쳐다보는 일상은 용납할 수 없었다. 하루에 두어 번 정도 계좌를 확인하고 수익이 발생했을 경우 곧바로 매도하는 것이 내 기준의 단기 투자다.

나는 확신에 찬 가치주를 발굴한 경우, 해당 종목의 30~50% 정도는 장기 투자를 통해 긴 호흡의 큰 수익을 추구하고, 나머지 50~70% 정도는 단기 투자를 통해 잦고 빠른 수익을 추구한다. 일반적인 가치투자 방식과 다르지만, 그렇다고 해서 감옥에 가는 것은 아니다. 투자와 투기를 투자 기간의 길고 짧음으로 판단한다는 것은 금융 메커니즘을 이해하지 못하는 데서 오는 오해에 불과하다. 돈을 벌기 위한 투자 행위에서 고려해야 할 유일한 가치는 '수익'뿐이다.

많은 사람이 단타 트레이딩을 원한다. 빠른 시간에 수익 얻는 것을 싫어할 사람이 있을까. 하지만 실제 주식시장에는 오히려 장기 투자를 하는 사람이 훨씬 많다. 이른바 '물렸다'라고 표현하는 이 강제적 장기 투자는 주가 하락으로 차익 실현을 하지 못해 어쩔 수 없이 주식을 보유하는 경우가 대부분이다.

바람직한 장기 투자는 주가가 상승하는 종목을 계속해서 보유하는 것이지, 주가가 하락하는 종목을 오래 가지고 있는 것이 아니다. 언젠가 수익이 발생할 것이라 믿고 1년, 2년 기다리다 보면 상장폐지 같은 극한 상황을 만나게 될 수도 있다. 운 좋게 본전에 도달한다 할지라도 기회비용이라는 또 다른 형태의 손실이 발생한다.

안타깝지만 그 어느 주식 투자의 고수도 금융위기나 경기 침체 같은 대세적인 시장 하락은 막을 수 없다. 주가 하락의 위험은 항상 존재하며 그 누구도 강제적 장기 투자를 피할 수 없다. 매달 1,000만 원의 수익을 1년 동안 꾸준하게 얻었더라도 단 하루 만에 '0'이 될 수 있는 것이 투자의 세계다. 100번을 성공해도 단 한 번의 실패로 모든 것이 물거품이 될 수 있는 것이다. 따라서 강제적 장기 투자에 대한 플랜을 세우는 것은 매우 중요하다. 분산투자를 해야 하는 이유, 현금 보유 비중을 고려해야 하는 이유가 여기에 있다.

카지노에서 돈을 잃는 것은 여러 번의 성공에 이어지는 단 몇 번의 실패 때문이다. 만약 처음부터 계속 실패만 했다면 큰돈을 잃지 않을 것이다. 내가 작은 수익을 노리는 것은 큰 수익이 싫어서가 아니라 큰 손실을 피하기 위해서다. 큰 수익을 원한다면 큰 손실을 각오해야 하는 것이 당연지사다.

물타기?
분할 매수!

많은 사람이 주식 투자를 할 때 절대로 하지 말아야 하는 것 중 하나로 물타기를 꼽는다. 투자 금액이 커지면서 위험성도 함께 높아진다는 것이 그 이유다. 하지만 주식을 살 때는 분할 매수를 해야 한다고도 한다. 물타기와 분할 매수는 도대체 어떤 차이가 있는 것일까?

'내로남불', 즉 내가 하면 로맨스고 남이 하면 불륜이라는 말처럼 남이 하면 물타기고 내가 하면 분할 매수인 것일까? 주식의 평균 매입 단가를 낮춘다는 공통의 목적이 있지만 어떤 것은 절대 하지 말아야 하는 일이고 또 어떤 것은 꼭 해야 하는 일이라니 참으로 아이러니하다.

아무리 훌륭한 회사의 좋은 주식이라 할지라도 현재 나에게 손실을 발생시키고 있다면 밉기만 한 쓰레기일 뿐이다. 그 쓰레기에 물을 타봤자 계속해서 쓰레기일 뿐이다. 깨끗한 물은 오염된 물통에 담으면 안 된다. 먹을 수 없는 더러운 물이 더 많아질 뿐이다.

주식을 쓰레기라고 표현한 것은 과한 감이 있다. 그런데 나는 자본주의 시스템에서 투자자에게 필요한 것은 그 회사의 가치가 아니라 그 회사가 가져다주는 수익이라는 점을 강조하고 싶다. 샐러리맨이 말하는 애사심의 대상은 회사가 아니라 회사가 주는 월급인 것처럼 말이다.

'새 술은 새 부대에 담아야 한다'라는 성경 문구처럼, 추가로 매수하는 주식은 이전에 매수한 주식과 별개의 것으로 생각해야 한다. 내가 생각하는 물타기와 분할 매수의 차이는 '살 때'에 있는 것이 아니라 '팔 때'에 있다.

물타기를 한 경우 대부분의 사람은 한 번에 매도한다. 물타기로 평균 단가를 낮추어 손실을 피할 수 있었다고 안도하면서 말이다. 하지만 분할 매수한 주식은 분할 매도해야 한다. 투자라는 행위의 목적은 본전이 아니라 수익이라는 측면에서 이것은 매우 중요한 개념이다.

물타기는 '이따위 쓰레기 같은 종목을 이렇게 높은 가격에 샀다는 것을 인정할 수 없어! 더 사서 싸게 만들어야지!'라고 생각하는 것이고, 분할 매수는 '이렇게 좋은 주식을 이렇게 싸게 팔다니! 더 사야지!'라고 생각하는 것이라 할 수 있다.

100주를 매수한 주식의 주가가 1만 원에서 60% 하락해 4,000원이 되었다고 가정해보자. 100주를 더 매수한다면 물타기를 한 투자자의 매입 평균 단가는 7,000원이 된다. 하지만 분할 매수를 한 투자자의 매입 평균 단가는 '1만 원'과 '4,000원' 두 개가 된다.

시간이 흘러 주가가 7,000원으로 오를 경우, 물타기를 했던 투자자는 보유한 주식 200주를 전량 매도해 손실을 피하게 되겠지만 안타깝게도 수익 역시 없다. 반면 분할 매수를 한 투자자는 4,000원에 산 주식 100주를 7,000원에 매도해서 주당 3,000원, 즉 30만 원의 수익을 얻게 된다. 물론 1만 원에 산 주식 100주가 아직 남아 있지만 '아직 팔지 않은 주식은 손실도 수익도 실현되지 않은 상태'라는 점에서 차이가 있다.

이 차이는 이후 상황도 달라지게 한다. 만약 주가가 추가 상승해 1만 3,000원이 될 경우, 전량 매도를 선택했던 물타기 투자자는 뒤늦게 고점 추격 매수를 하며 극심한 '멘털붕괴' 상태에 놓이게 된다. 하지만 분할 매매를 한 투자자는 추가로 30만 원의 수익을 더 올려 총 60만 원의 수익으로 투자를 아름답게 마무리할 수 있다.

주가가 하락하는 경우에도 양상은 다르다. 물타기를 한 투자자는 모두 팔아버린 것을 안도하는 동시에 매도가보다 더 낮아진 가격의 유혹을 떨치지 못하고 다시 대범하게 전량 매수를 한다. 이와 달리 분할 매도를 한 투자자는 이미 30만 원의 수익을 실현한 상태인 동시에 든든한 현금까지 보유하고 있어 추가 하락이 두렵지 않다.

그런데 자본은 유한하기에, 하염없이 흘러내리는 주식에 계속해서 분할 매수로 대응하는 것은 불가능하다. '비로소 멈추어야 할 때'가 필요하다. 그래서 '잘 짜인 전략'이 중요하다. 분할 매수가 여러 번 이루어졌다는 것은 투자 금액이 증가했다는 의미이며, 이는 곧 큰 위험에 노출된 것이라 할 수 있다. 예상치 못한 주가의 폭락으로 멘털이 흔들리며 전략에 의한 분할 매수가 아닌 '될 대로 돼라'라는 투기 가득한 마음의 물타기가 시작된다.

아무리 좋은 종목이라고 할지라도 금융위기나 단기적인 실적 악화 앞에서는 주가가 하락할 수밖에 없고 이것은 떨어지는 칼날처럼 위험하다. 따라서 언제든 발생할 수 있는 위험한 상황에 대응할 전략을 미리 계획해놓는 것이 필요하다.

나는 신규 종목을 포트폴리오에 편입하는 순간 주가 하락 시 취할 분할 매수의 횟수, 총투자금의 규모와 시점까지 미리 정해놓는다. 갑작스러운 상황에 휩쓸려 이성을 잃지 않기 위해서다. 또한 일시적인 반등에 따른 분할 매도도 미리 짜놓은 계획대로 실행한다. 그런데 매도는 매수와 다르게 거래의 횟수, 규모, 시점 따위를 모두 무시하고 단 하나의 원칙만을 고수한다. 바로 '단 1원이라도 수익이 발생했을 때만 매도한다'는 것이다.

매수는 프로그램 매수처럼 원칙을 정확히 지키려 노력하지만, 매도는 시장 상황과 경제 지표 분석 등 다양한 대외 변수를 고려해 수익 실현 유무를 판단한다. 이 판단이 정확할 리 없기에 수익률이 그리 높은 편은 아니지만, 최초에 매수한 주식은 여전히 장기 투자를 목적으로 계좌에 남겨놓기 때문에 매도 후 후회하는 일이 없으며 더 큰 수익에 대한 기대도 남아 있다.

버핏이 주장한 '잃지 않는 투자'와 '싸게 사서 비싸게 팔기'는 말처럼 쉽지 않다. 하지만 원칙을 세우고 그대로 지키기만 한다면 그리 어렵지도 않다.

분할 매매를 하는
7개의 투자 자아

달러 투자에 성공하면서 물타기가 아닌 분할 매매의 가치를 깨달은 나는 이것을 주식 투자에 활용해보기로 했다. 하지만 생각처럼 쉽지 않았다. 분할 매수를 물타기라고 부르는 이유처럼 추가로 매수한 주식은 최초에 매수한 주식과 섞여 있어 '새 주식'으로 보이지 않았다.

최초 매수 주식과 추가 매수 주식을 구분하는 방법은 매수 가격과 수량을 기억하거나 엑셀 프로그램 등으로 기록

해놓는 것뿐이었다. 이것은 매우 귀찮고 번거로운 일이라 갑작스러운 매도 타이밍을 놓치는 경우가 많았고, 분할 매도를 할 때도 주식 트레이딩 시스템에는 수익이 아니라 손실로 표시되기에 찜찜하기 그지없었다. 심지어 3차, 4차 분할 매수까지 한 경우는 도대체 몇 주를 얼마에 샀는지조차 구분하기 힘들었다.

나는 별도의 기록 없이 분할 매매를 자유롭고 정확하게 할 수 있는 방법을 고민했고, 마침내 '새 술을 새 부대에 담듯 새 주식을 새 계좌에 넣는 방법'을 고안했다. 아주 간단하고도 효과적인 이 방법은 추가로 매수한 주식과 이전에 매수한 주식이 섞이는 일을 원천적으로 차단한다.

내 머릿속에서는 총 7개의 주식 투자 자아가 각각의 주식 계좌를 담당하고 있다. 1번 계좌를 담당하는 투자 자아의 수익률은 썩 좋지 않다. 하지만 2번, 3번, 4번, 5번, 6번, 7번 이렇게 다음 계좌를 담당하는 투자 자아의 수익률은 뒤로 갈수록 점점 더 좋아진다. 1번 투자 자아는 항상 상대적으로 높은 가격에 주식을 샀을 테지만, 시행착오를 겪은 1번 투자 자아 덕분에 2~7번 투자 자아는 같은 주식을 훨씬 더 낮은 가격에 매수할 수 있다.

각각의 계좌에 들어 있는 주식은 물을 타지 않은 상태

이기 때문에 수익률을 따로 계산하거나 분할 매도할 필요가 없다. 수익률이 파란색이면 그냥 놔두고 빨간색이면 그날의 기분에 따라 전량을 팔아버리더라도 결국 분할 매도가 된다. 나는 이 분할 매수 투자 방법을 '7분할 계좌 매매(Seven Split Account Trading, 이하 '세븐 스플릿')'라 칭한다.

총 7개의 주식 계좌 중 1번 계좌는 최초로 매수한 종목이 모여 있다. 종목별 목표 수익을 달성하기 전에는 절대로 매도하지 않는 장기 투자 종목으로 구성된다. 그리고 1번 계좌에 속한 종목 중 3% 이상의 하락이 발생한 종목은 2번 계좌를 만들어 추가 매수한다. 같은 방식으로 2번 계좌에서 추가 하락이 발생한 종목은 3번 계좌에서 다시 추가 매수한다.

나는 계좌마다 추가 매수의 기준이 되는 하락률을 달리 적용했다. 종목과 상황에 따라 다르지만 예를 들면 1번 계좌의 매수가를 기준으로 각각 3%, 5%, 10%, 20%, 40%, 70% 하락할 때 총 여섯 번의 추가 매수가 이루어진다. 마지막 7번 계좌는 최초 매수가 대비 평균 70% 이상 하락한 종목으로만 구성된다.

이 방법은 블랙잭에서 아이디어를 가져왔다. 블랙잭은 같은 숫자, 즉 페어일 경우 스플릿을 통해 안정성과 수익

극대화를 동시에 추구할 수 있다. 딜러가 패할 확률이 높은 상황에서 내 카드가 A(에이스) 페어일 경우 스플릿을 하면 높은 확률로 두 개의 블랙잭(21)을 만들어낼 수 있다. 보통 카지노에서 A는 세 번 정도 스플릿이 가능하지만 주식 투자에는 이러한 룰이 적용될 리 없기에 원하는 만큼의 스플릿, 즉 계좌 분할이 가능하다. 내가 분할 계좌를 7개로 한정한 것은 계좌 관리의 편의성을 고려했을 때 7개까지가 안정적이었기 때문이다.

이 새로운 매매 기법을 적용할 때 가장 중요한 것은 종목 선정이다. 최초 매수 종목은 계량적 재무 데이터에 기초한 가치주여야 한다. 세븐 스플릿은 회사의 성장과 주가가 비례해 상승하는 종목에 투자할 경우 맹목적인 장기 투자보다 훨씬 큰 복리 수익을 가져다줄 수 있다. 반면 그렇지 않을 경우 제대로 작동하지 않는다.

도박이든 주식 투자든 감정의 변화는 투자의 성패를 좌우하는 아주 중요한 요인이다. 매수한 주식의 수익률이 온통 파란색으로 물든 것을 보고 있노라면 비관과 더불어 욕심이라는 악마가 스멀스멀 기어 나오기 시작한다. 확고한 투자철학도, 잘 골라놓은 가치주도 이 지독한 악마 앞에서는 무방비 상태가 된다.

하지만 세븐 스플릿을 한 이후로 이 악마의 출현은 현저하게 줄어들다 못해 아예 자취를 감추어버렸다. 내게는 수익률이 모두 파란색인 계좌와 함께 수익률이 온통 빨간색인 계좌도 있다는 위안은 비관을 물리치는 힘이 되었고, 평단가를 낮추기 위해 더 많이 사야 한다는 욕심은 계좌별로 할당된 투자 상한액으로 절제할 수 있었다.

나는 정말 분산투자하고 있는 것일까?

강원랜드 카지노에서는 딜러와 1 대 1 대결을 펼칠 수 없다. 따라서 블랙잭은 동반 플레이어의 실력도 결과에 큰 영향을 미친다.

블랙잭은 자신이 가진 카드 패의 합을 21에 가깝게 만드는 동시에 딜러가 가진 카드 패의 합을 21 이상으로 만들어 이른바 '버스터'를 시키는 전략을 구사해야 한다.

동반 플레이어와 힘을 합쳐 딜러를 패배시키는 전략이 성공할 경우의 기쁨은 혼자서 이길 때보다 더 크다. 이 전략은 보통 딜러의 '업Up 카드', 즉 오픈된 카드가 6이나 5일 경우 펼쳐지는데, 남은 카드에 8 이상이 더 많다는 점을 이용해 딜러가 추가 카드 두 장을 받게 해 버스트시키는 방식이다.

동반 플레이어의 협력이 필요한 것은 추가 카드를 받을지 말지를 플레이어가 선택할 수 있기 때문이다. 만약 플레이어가 추가로 받은 카드에 8 이하가 많다면 다음에 등장할 카드가 8 이상일 확률이 높기 때문에, 추가 카드를 받는 것이 유리한 플레이어도 카드를 받지 않음으로써 전략이 완성된다.

이러한 까닭에 블랙잭은 개인 실력과 관계없이 실력 없는 동반 플레이어를 만나는 것으로 큰 위험에 직면할 수 있다. 이는 폭락장에서 공포에 질려 '뇌동 매매'를 하는 개미 투자자가 다른 투자자에게 영향을 끼치는 것과 닮았다.

외국 카지노에서는 딜러와 1 대 1 대결을 펼치는 것이 어렵지 않다. 나는 이러한 상황에서 가끔 분신술을 펼치기도 한다. 블랙잭은 보통 하나의 게임 테이블에 플레이어를 위한 의자가 6개 놓여 있는데, 베팅구가 6개라는 의미다. 분신술은 이 6개 베팅구에 모두 베팅하는 것이다. 일종의 분산투자라 할 수 있다.

하지만 이 분신술은 위험을 분산하는 것보다는 다른 플

레이어가 게임에 참여해 나와 딜러의 1 대 1 대결을 방해하는 것을 막는 데 목적이 있다. 이렇게 할 경우 6개로 나뉜, 똑같은 실력과 전략을 갖춘 플레이어는 한마음 한뜻으로 행동해 딜러를 공격하기가 훨씬 수월해진다. 승률도 당연히 높아진다.

주식 투자에서 분산투자를 할지 집중투자를 할지 선택하는 것은 매우 중요하다. '달걀을 한 바구니에 담지 말라'라는 말도 있지만, 잠재 수익률이 높은 집중투자가 더 효과적인 경우도 있다.

회사의 성장 가치에 초점을 둔 가치투자에서는 투자한 회사의 상황을 수시로 모니터링하고 관심을 가져야 하기에 집중투자가 더 효율적일 것이다. 하지만 나는 많은 고민 끝에 분산투자를 선택했다. 확신할 수 있는 종목을 고르는 능력이 아직 부족했고, 과거의 성과 지표에 따른 회사의 내재가치를 계량적으로 분석할 수는 있었지만 정성적이고 주관적인 판단이 필요한 미래의 성장 가능성을 예측하기가 힘들었기 때문이다.

또한 블랙잭과 마찬가지로 주식시장에는 실력을 갖추지 못한 채 투매를 일삼는 동반 플레이어가 차고 넘치는 까닭에, 회사의 가치에 수렴하는 주가에 이르기까지 불필요한 시간을 허비하게 될 것이라는 걱정도 있었다.

잃지 않는 안전한 주식 투자를 투자철학의 근간으로 삼은 나는 집중투자를 포기하기로 했다. 하지만 집중투자가 아니면 분산투자라는 이분법적 사고 역시 위험하다고 생각했다. 그래서 생각해낸 것이 '분산해서 집중투자하기'였다. '몰빵'을 집중투자라고 생각하는 것이 착각인 것처럼, 이 종목 저 종목 쓸어 담는 것을 분산투자라고 생각하는 것도 착각이다.

나는 도박은 블랙잭만, 부동산은 아파트만, 환테크는 달러만, 주식은 정량적 가치투자만 하는 식으로 투자 대상별로 집중할 바운더리를 정했다. 그리고 위험성이 큰 대상일수록 투자 자금은 적어야 한다고 생각했다. 현재 내 투자 자산의 비중은 변동성과 위험성을 고려해 '부동산 > 달러 > 주식' 순서로 설정되어 있다.

내가 이 책에서 하고 싶은 말은 업종과 종목을 고려한 분산투자 따위가 아니다. 주식 투자 말고도 시기별, 상황별 큰 수익을 올릴 수 있는 투자 대상은 지천에 널려 있다. 금리 하락은 부동산의 가격 상승을 불러오고, 금리 상승은 채권의 가치 하락을 가져오고, 채권의 가치 하락은 증시 호황의 원인이 될 수 있다. 이러한 경제 순환 메커니즘을 이해하고 이를 잘 활용하는 것이 중요하다.

　이러한 관점에서 자산 대부분을 주식에 투자하는 것은, 집중투자를 하든 분산투자를 하든 똑같이 위험한 일이다. 한 우물만 파면 결국 하나의 우물만 가지게 될 것이다.

투자 기술?
그런 거 없어!

1개를 베팅해 패할 경우 앞에서 잃은 1개에 1개를 더한 베팅으로 2개의 이익을 추구한다. 또 패한다면 다시 2개의 2배로 베팅해 4개의 이익을 추구한다. 이러한 방식으로 계속해서 베팅하면 단 한 번만 승리해도 이전에 입었던 손실을 모두 복구하는 동시에 첫 베팅의 목적이었던 1개의 이익도 얻을 수 있다. 베팅 금액이 무한한 플레이라면 이론적으로는 이 방식을 통해 무조건 승리할 수 있다. 카지노에서는 이것을 '마틴게일 시스템 베팅'이라 부른다.

　이 마틴게일 시스템대로만 베팅할 수 있다면 카지노에서 돈을 잃는 일은 절대로 일어나지 않는다. 하지만 프로 갬블러들은 하나같이 이 시스템을 파국의 지름길이라며

금기로 여긴다. 이유는 비교적 간단하다. 가장 중요한 전제인 베팅 금액, 즉 자본이 무한한 플레이어는 이 세상에 존재하지 않기 때문이다. 심지어 카지노는 한 번에 베팅할 수 있는 최고 금액을 제한해놓기까지 한다

어느 플레이어가 초기 베팅 금액 10만 원을 가지고 마틴게일 시스템 베팅 방식으로 도박을 했다고 가정해보자. 첫 번째 베팅에 실패하고 두 번째 베팅을 할 때 필요한 돈은 20만 원이고 세 번째 베팅에는 40만 원이 필요하다. 이런 식으로 계속해서 잃은 베팅 금액의 두 배씩 베팅해나간다면 20번을 실패하고 21번째 베팅을 할 때 필요한 돈은 1,000억 원이 넘고 지금까지 잃은 돈 역시 마찬가지다. 고작 10만 원을 따기 위해 1,000억 원을 투자하는 바보는 없을 것이다.

마틴게일 시스템 베팅은 카지노에서 처음 베팅을 하는 초보자가 흔히 선택하는 방식이다. 이 베팅 방식의 명칭을 알지 못할 뿐, '이렇게 베팅하면 절대로 돈을 잃는 일은 없겠네. 나는 천재!'라고 생각하며 지옥행 특급 열차에 올라타게 되는 것이다.

주식 투자에도 이같이 위험한 투자 방법이 있으니 물타기가 바로 그것이다. '스케일 트레이딩scale trading'이라고도

불리는 이 물타기는 '매입한 주식이 하락하면 그 주식을 저가로 추가 매입해 평균 매입 단가를 낮추는 투자법'이다. 높은 가격에 산 주식을 낮은 가격에 매수한 주식으로 희석한다는 의미에서 물타기라 불리게 되었다.

주식 100주를 주당 1만 원에 매수할 경우 총투자금은 100만 원이다. 주가가 하락해서 주당 6,000원이 될 경우 투자 수익률은 -40%로 손실금은 40만 원이 된다. 주가가 8,000원으로 회복하더라도 폭은 줄어들지언정 여전히 투자 손실이 발생한 상태다.

하지만 주가가 6,000원으로 하락했을 때 100만 원을 추가로 투자한다면, 즉 물타기를 한다면 평단가는 7,500원으로 낮아지고, 주가가 8,000원으로 회복할 경우 주당 500원의 차익을 실현하게 된다.

이 계산대로라면 물타기를 계속할 경우 마틴게일 시스템 베팅처럼 주식으로 돈을 잃는 일은 결코 없을 것이다. 물타기를 지속했던 주식이 상장폐지되어 휴지 조각이 된다 하더라도 더 큰 금액을 투자할 또 다른 주식이 존재하는 한 물타기는 계속될 수 있기 때문이다.

물타기는 마틴게일 시스템 베팅과 마찬가지로 '무한한 자본'이 전제되어야 하기에 위험한 투자 방식이다. 그런데 다행히 주식 투자는 도박과 다르다. 제대로 된 가치 분석을 통해 어느 수준 이하로 가격이 하락하지 않을 것이라는 판단이 선다면 물타기도 효과적인 투자 방식이 될 수 있다.

앞에서 언급한 것처럼 물타기와 분할 매수의 차이는 매도할 때 결정된다. 그런데 세븐 스플릿을 매매 기술에 한정하면 반쪽짜리 솔루션에 지나지 않는다. 주식 투자는 도박이 아니기 때문에 매매 기술만으로 성공하기는 힘들다. 회사 가치를 분석하지 않고 단지 평단가를 낮추기 위한 분할 매수는 위험한 물타기에 불과하다. 하지만 회사 가치에 변화가 없는 상황에서 수급이나 시장 상황에 따라 주가가 하락할 경우 하는 물타기는 현명한 분할 매수가 될 수 있다. 다시 강조하지만 내가 고안한 세븐 스플릿은 가치주와 우량주를 대상으로 하지 않으면 무용지물이다.

내가 한때 몸담았던 영화계에는 이러한 말이 있다. "좋은 시나리오로 나쁜 영화를 만들 수는 있어도 나쁜 시나리오로 좋은 영화를 만들 수는 없다." 이 말을 주식시장에 가져오면 "좋은 종목으로 손실을 입을 수는 있어도 나쁜 종목으로 수익을 올릴 수는 없다"라고 표현된다.

박찬욱 감독의 영화 '공동경비구역 JSA'에서 실전 전투 경험이 많은 오경필 중사(송강호 분)는 '총을 빨리 뽑는 기술'

을 자랑하는 이수혁 병장(이병헌 분)에게 이렇게 말했다. "전투 기술? 그런 거 없어! 얼마나 침착한가, 얼마나 빨리 판단하고 대담하게 행동하는가! 이게 다야."

분할 매수, 매매 전략, 분산투자, 집중투자 등 그 어떠한 투자 기술도 '투자 대상이 정말 가치가 있고 우량한가'에 우선할 수 없다.

눈덩이처럼 커지는
복리의 마법

"복리는 세계 8대 불가사의 중 하나로 우주에서 가장 강력한 힘이다."
– 알베르트 아인슈타인

마틴게일 시스템 베팅의 대척점에 '파롤리 베팅'이 있다. 마틴게일 시스템 베팅이 1개를 잃고 나서 손실의 두 배인 2개를 베팅하는 것과 유사하게, 파롤리 시스템 베팅은 1개를 얻고 나서 수익의 두 배인 2개를 베팅하는 방식이다.

이 경우 초기 자금 10만 원으로 20번 연속 승리하면 수익이 1,000억 원이 넘는다. 카지노에서 20번 연속으로 승리하는 것이 가능하냐는 질문에 나는 자신 있게 "그렇다" 라고 대답한다. 실제로 플레이어가 20번 이상 연속으로 패하거나 반대로 20번 이상 연속으로 승리하는 경우를 심심치 않게 목격했다.

카지노의 꽃이라 불리는 바카라에는 '줄을 탄다'라는 개념이 있다. 홀짝 게임과 비슷하게 뱅커와 플레이어 둘 중 하나를 선택해 승패를 가리는 바카라는 많은 사람이 뱅커에게 돈을 걸어 승리하면 다음 판도 뱅커에게 베팅하고, 같은 식으로 승리할 때마다 계속 뱅커에게 베팅하는 방식으로 게임을 진행한다. 동전 던지기 게임에서 계속 앞면에만 베팅하는 식이다. 50%의 확률 게임에서 연속으로 20번 넘게 동전의 앞면이 나오는 일은 흔하지 않지만 1만 번 넘게 동전을 던진다면 충분히 일어날 수 있다.

바카라에서 '줄을 타며' 20번을 연속으로 승리한다는 것은 매번 같은 금액을 베팅했을 경우 2,000% 수익률을 달성했다는 의미다. 이 어마어마한 수익률이 멀쩡한 사람을 도박 중독에 이르게 한다. 만약 파롤리 시스템 베팅 방법으로 줄을 탄다면 수익률은 1억 퍼센트가 넘는다. '수익률'이라는 단어와 '1억 퍼센트'라는 단어는 함께 등장하는 것이 어색할 정도로 비현실적인 조합이다. 초기 투자 금액 10만 원이 단 몇 분 만에 1,000억 원이 되는 것이다.

그래서 카지노는 플레이어가 이 방식으로 큰돈을 가져가는 불상사를 막기 위해 베팅 금액 한도를 정해놓는다.

내가 소액 베팅으로 수익을 만들어낸 것은 베팅 방식 덕분이었다. 1,000원을 잃으면 다시 1,000원을 베팅한다. 또 잃어도 여전히 똑같이 1,000원을 베팅한다. 10번 연속해서 패해도 내가 입은 손실은 1만 원에 불과하다. 동시에 10번 연속해서 이긴 딜러 역시 10연승이라는 기록에도 불구하고 수익은 1만 원에 그치고 만다.

하지만 실제 도박에서는 파롤리 시스템 베팅을 주력 무기로 사용했다. 파롤리 시스템 베팅으로 10연승하면 딜러와 전혀 다른 결과를 얻게 된다. 최종 수익금의 수익률이 자그마치 5만 퍼센트나 되기 때문이다.

나는 달러 투자를 시작하면서 금융과 투자의 영역에도 파롤리 시스템 베팅과 유사한 개념이 있다는 것을 알게 되었다. 바로 복리의 개념이다. 주식 투자의 복리는 파롤리 시스템 베팅에 비해 수익률이 높지 않았지만 훨씬 안전하고 투자 금액이 큰 편이어서 효과는 파롤리 시스템 베팅에 비견될 만큼 훌륭했다.

주식 투자에서 자본금 1,000만 원은 그리 크지 않은 금액이다. 1,000만 원으로 하루 5%의 수익을 1년 동안 꾸준히 올린다고 가정해보자(하한가에 사서 상한가에 팔면 하루 만에 85% 수익률을 달성할 수 있는 주식시장이기에 하루 5% 수익률이 크지 않다고 생각할지 모르지만 실제로는 거의 달성 불가능한 수치다).

하루 5%에 1년 개장 일수인 240을 곱하면 총수익률이 1,200%이니 1,000만 원으로 1억 2,000만 원을 벌게 된다고 단순하게 생각할 수 있다. 그런데 1,000만 원의 5%는 50만 원이지만 그 50만 원을 더해서 만들어진 1,050만 원의 5%는 52만 5,000원이 된다. 이런 식으로 수익과 투자 원금을 더해서 계속 복리로 투자하면 초기 투자 금액 1,000만 원은 1년 후 약 1조 5,900억 원이 된다.

하루 5% 수익률은 불가능하지만 주 5% 정도는 가능할 것도 같다고? 주 5% 수익률을 복리로 계산하면 1,000만 원은 1년 후 1억 원 가까이 불어난다.

이것이 바로 버핏이 연평균 20% 정도의 수익률로 세계 최고의 부자가 된 비결이다. 같은 이유로 그는 더 어렸을 때 주식 투자를 시작해야 했다고 후회했다(그는 열한 살에 투자를 시작했다).

나는 파롤리 시스템 베팅, 즉 복리의 개념을 달러 투자에 활용해보기로 했다.

낮은 수익률도
모으면 큰 수익

"인간의 행복은 발생하기 어려운 엄청난 행운의 결과에서 오는 것이 아니라 매일 일어나는 작은 이익에서 온다."

– 벤저민 프랭클린

2018년 1월 달러 가격은 1,060원 선, 1년 후인 2019년 1월 달러 가격은 1,120원 선이었다. 1년간 5.7% 정도 상승했다. 주식시장에서는 미미하다고 할 수도 있는 상승률이다. 달러를 2018년 1월에 사놓았다가 1년 후인 2019년 1월에 팔았다면 수익률은 5.7%일 뿐이다. 10억 원을 투자했다면 5,700만 원 정도를 벌었을 테니 나쁘지 않은 수익이라고 생각할 수 있다.

하지만 일반적이고 평범한 사람은 10억 원이라는 큰 투자금을 가지고 있지 않을뿐더러, 가지고 있다 하더라도 어떻게 될지도 모르는 달러 환율에 그 큰돈을 모두 투자할 리 없기에 현실적이지 않은 가정이다.

그런데 이 기간 합산한 나의 달러 투자 수익률은 100%가 넘었다. 같은 기간 시장 수익률 5.7%와 비교하면 무려

17배가 넘는다. 이 수익률은 평균 0.3~0.7%의 수익이 모이고 모여 복리의 효과가 더해진 결과였다.

평균 0.5% 정도밖에 안 되는 수익의 합으로 100% 이상의 수익을 만들어내는 것은 불가능해 보일 것이다. 그런데 생각해보자. 하루 평균 0.5%의 수익을 한 달 기준 20일 동안 일으키면 10%가 되고, 이것을 10개월 동안 지속하면 100%가 된다. 여기에 복리 개념을 추가하면 기간은 3개월 정도로 훨씬 줄어들게 된다.

이 1년의 기간에 달러 가격은 계속해서 등락을 거듭하며 최저 1,050원 선까지 하락했다가 최고 1,140원 선까지 오르기도 했다. 1월부터 6월까지 비교적 낮은 가격대에서 등락을 거듭하다가 7월에 비교적 크게 상승했고 다음 해 1월까지 비슷한 가격대에서 역시 등락을 거듭했다. 만약 7월 초에 달러를 매수하고 거래 없이 다음 해 1월까지 6개월 동안 가지고 있었다면 수익률은 0%였을 것이다. 6개월 전과 후의 달러 가격이 비슷하기 때문이다.

달러 가격은 일정한 가격대에서 오르고 내리고를 반복했기 때문에, 매수 후 기다리면 매도 기회가 찾아왔고 매도 후 또 기다리면 매수 기회가 찾아왔다. 낮은 수익률의 이익을 잦은 거래를 통해 큰 수익으로 만든 비결 중 하나는 '돈'

이라는 달러의 고유한 특성이었다.

달러를 전량 매도하고 가격이 다시 낮아질 때까지 기다리는 것은 그리 어렵지 않았다. 조급해진다 싶으면 미국인의 처지가 되어 원화를 전량 매수한 상황이라고 생각했고, 달러를 살 때는 미국인이 되어 사놓았던 원화를 매도한다고 생각했다.

달러 투자와 주식 투자를 병행하니 달러가 많을 때는 미국 주식의 현금 비중이 올라가고 원화가 많을 때는 한국 주식의 현금 비중이 올라가는, 즉 항상 현금 비중이 높은 상황도 연출되었다. 버핏은 "좋은 공이라고 생각할 때만 방망이를 휘둘러야 한다"라고 말했으나 나는 아예 방망이를 휘두르지 않고도 볼넷으로 느긋하게 걸어서 출루할 수 있었다.

환율의 일중 변동 폭은 작지만 일간 변동 폭은 상대적으로 크다. 달러는 비트코인 같은 가상 화폐처럼 전 세계적으로 24시간 거래되므로 가격이 주가의 4배 시간 동안 움직인다. 자고 일어나면 가격에 큰 변화가 생기는 이유다.

나는 미국과 그들이 발행하는 화폐에 대한 확고한 믿음으로 달러를 대량 매수했는데, 원화 가치 상승으로 손실이 심하게 커져 회복 불가 상태가 온다면 그냥 미국으로 이민

가면 되는 것 아니냐는 마음으로 공격적인 투자를 할 수 있었다.

달러 투자에 실패한다는 것이 그리 절망적인 상황은 아닐 것이라는 생각도 들었다. 사실 대부분의 미국인은 거의 모든 현금 자산을 달러로 가지고 있으면서 원화에는 관심조차 없을 것이다. 우리나라 사람들이 터키의 리라화 가치가 폭락했을 때 여행 갈 생각이나 했지, 경제적 손실을 걱정하지 않았던 것처럼 말이다.

성공적인 달러 투자 경험으로 도박에서 불가능했던 수익 규모 증대가 가능해졌다. 나는 안전하고 변동성 낮은 투자 대상으로 얻는 작은 수익도 계속해서 더할 수만 있다면 큰 수익이 된다는 것을 깨달았다. 그리고 이 개념을 주식 투자에 활용해보자고 생각했다.

딜러를 이기는
정신력

카지노에서 도박 게임은 대부분 딜러와 플레이어의 1 대 1 대결로 진행된다. 내가 이기면 딜러가 내게 돈을 잃고, 내가 지면 반대가 된다. 하지만 이 대결은 매우 불평등한 구조다. 플레이어가 돈을 잃는 상황은 심한 경우 죽음까지 고려해야 할 만큼 심각한 위험이 될 수 있지만, 딜러가 돈을 잃는 상황은 카지노 사업주에게는 슬픈 일이 될지 몰라도 딜러 본인에게는 '어제 오후에 아주 실력 좋은 손님을 만났어' 정도의 이야깃거리에 불과하기 때문이다. 이는 플레이어가 딜러를 이길 수 없는 결정적 이유이기도 하다.

누가 끝까지 '정신줄'을 놓지 않느냐가 게임의 승패를 가르는 주요 포인트라는 점에서 나는 딜러를 이길 묘안을 찾아내야 했다. 카지노에는 딜러에게 욕을 하거나 화를 내는 '진상 플레이어'가 많다. 하지만 이들의 매너 없는 행위는 딜러의 멘털을 무너뜨리기 위한 전략이라기보다 돈을 잃고 그냥 기분 나빠서 나온 것이다.

만약 이러한 행동이 나름의 전략이라 할지라도 카지노에서 쫓겨나거나 오히려 자신의 멘털이 더 무너지는 결과를 초래할 가능성이 높다.

나는 소액 베팅을 통해 돈을 잃거나 따는 것에 멘털이 흔들리는 일을 최소화하자는 계획을 세웠고, 이는 과연 효과가 있었다. 하지만 애초에 기대하지 않았던 또 다른 소득도 생겼다. 나의 쥐꼬리만 한 소액 베팅이 딜러의 강철 멘털을 속수무책으로 무너뜨리는 엄청난 무기임을 발견한 것이다.

딜러에게는 많은 돈을 잃는 플레이어가 재미있는 존재다. 우선 자신에게 월급을 주는 카지노의 수익을 증가시키는 것은 업무 성과다. 또한 멘털이 무너진 플레이어가 이성을 잃고 무리한 베팅을 연발하며 망가지는 모습을 보는 것은 강 건너 불구경 같은 재미가 있을 것이다.

하지만 신중하면서도 천천히, 이성적이고도 느리게 베팅하는 나를 만난 딜러는 '뭐 이런 놈이 다 있나? 내가 이러려고 딜러가 되었나' 하고 자책했을지도 모른다.

10만 원짜리 칩을 딜러 팁으로 서슴없이 던지는 흥청망청 카지노에서 테이블 위에 올라간 몇천 원짜리 칩은 소소한 금액이다. 최소 베팅을 연발하는, 도박을 전혀 도박처럼 하지 않는 나의 게임 방식에 질려버린 딜러는 '이렇게 하려면 은행에 저축이나 하지, 도대체 카지노에는 왜 온 거야?'라고 생각하며 고개를 돌려 하품을 하기도 한다.

딜러가 하품을 할 만큼 지루해하고 있다는 것은 그만큼 집중력이 떨어졌다는 의미이고, 이는 곧 내가 돈을 따기에 유리한 환경이 조성되었다는 의미이기도 하다. 실제로 지루함과 피곤함에 지친 딜러가 자신이 이긴 게임에서 계산을 잘못해서 나에게 승리 배당금을 지급한 적이 여러 번 있었다.

내가 그 잘못 지급된 승리 배당금을 모르는 척 받았는지는 말하지 않겠다. 중요한 것은 최소 베팅이 나의 멘털을 강하게 하는 동시에 딜러의 멘털을 유리로 만들어버렸다는 것이다.

주식 투자에서 플레이어는 나 자신이고 멘털을 겨루어야 하는 상대, 즉 딜러는 또 다른 플레이어인 나 외의 투자자다. 주가는 이른바 투자 심리와 수급에 따라서도 등락이 결정되기 때문에 기관이나 외국인이 매수하는 종목은 오르고 개인이 매수하는 종목은 하락하는 현상이 반복되기도 한다.

나는 또 다른 플레이어, 즉 주식시장의 딜러와도 대결해야 했다. 그들의 판단에 휘둘려 허망한 손절매를 하거나 고의적인 물량 탈취를 당해서는 안 되었다.

회사 가치 분석을 통해 다른 투자자의 판단에 휘둘리지 않을 만큼 확신을 주는 주식을 샀다면, 회사의 가치가 변하지 않는 한 주가 등락은 투자를 철회하거나 투자 금액을 늘릴 만한 이유가 되지 않는다.

딜러의 행위에 멘털이 흔들리는 것을 방지하기 위해서

는 딜러의 행위를 무시해야 한다. 수급에 따른 주가 등락을 거래의 판단 근거와 동일시하지 않는다면 그 영향에도 무감각해질 수 있다.

매수·매도 주체, 거래량, 차트 움직임 등 거래의 주체가 만들어내는 데이터는 도박판 딜러들의 현란한 손놀림처럼 플레이어의 혼을 쏙 빼놓는다. 이것이 바로 뇌동 매매라 불리는 호구의 전매특허 매매법이 생긴 이유다. 외국인이 사면 따라서 매수하고 개인이 파는 종목은 곧 오를 것이라 생각하는 또 다른 맹목 역시 투자 실패의 지름길이다.

카지노에서 돈 버는
유일한 방법

한때 카지노에 빠졌던 아인슈타인은 "룰렛으로 돈을 따는 유일한 방법은 딜러의 칩을 훔치는 것이다"라고 말했다. 그는 분명 자신의 똑똑한 머리를 믿고 수학적인 확률 계산을 통해 카지노에서 돈을 딸 방법이 존재한다고 믿었을 것이다.

카지노에서 진행되는 모든 게임은 '하우스 에지'라 불리는 일종의 수익률 산정 기준을 통해 카지노가 플레이어보다 확률적으로 조금 더 유리하게 설계되어 있다. 따라서 운과 베팅 전략을 통해 간헐적인 승리를 거둘 수는 있으나 계속해서 이기는 방법은 없다고 해도 과언이 아니다.

그런데 아인슈타인도 해내지 못한 이 어려운 일을 나는 해냈다. 내가 아인슈타인보다 머리가 좋거나 수학 계산을 잘해서가 아니라는 것은 굳이 밝히지 않아도 될 것이다. 내가 카지노에서 돈을 번 비결은 바로 '알뜰함'이었다.

뼛속까지 '흙수저'였던 나는 마찬가지로 흙수저 출신인 부모님 덕분에 어렸을 적부터 자연스럽게 알뜰함이 몸에 배어 있었다. '돈에 관해 자식을 교육하는 가장 쉬운 방법은 부모가 돈을 가지지 않는 것이다'라는 말처럼 나는 자연스럽게 돈을 소중하게 여길 줄 아는 어른으로 성장할 수 있었다.

지난날 돈에 대한 과도한 욕심으로 카지노에서 큰돈을 날리고 주식 투자에도 실패했던 것은 알뜰함이 갑자기 사라져버려서가 아니라 '뭘 잘 몰랐기' 때문이었다. 한마디로 '속은 것'이다. 하지만 도박을 연구하고 공부한 이후 나의 알뜰함은 드디어 빛을 발하기 시작했다.

강원랜드는 국내 유일의 내국인 카지노다. 테이블에 앉

아 게임을 하려면 '당첨'이라는 절차를 거쳐야 할 만큼 서비스에 대한 수요와 공급이 극심하게 어긋나 있다. 오랜 기다림 끝에 운 좋게 테이블에 앉을 기회가 생기더라도 내 베팅을 따라오는 동반자 두세 명을 만나는 귀찮음이 생긴다. 이는 테이블에 앉지 못하는 사람들이 게임에 참여할 수 있는 유일한 방법이다.

앞에서도 여러 번 언급했듯이 내가 베팅하는 평균 금액은 1,000원이다. 자리 주인은 단돈 1,000원을 베팅하는데 내 게임에 운명을 건 두세 명은 10~20만 원 이상을 건다. '뒷전'이라 불리는 그들은 1,000원이라는 작은 돈만 베팅하는 내가 미덥지 못하다.

그런데 게임이 계속 진행되면서 테이블 플레이어 중 유일하게 돈을 따는 나를 발견한 뒷전들이 내게 자신의 운명을 맡기기 시작한다. 비결을 묻기도 하고, 베팅 금액을 늘리면 더 큰 수익을 기대할 수 있지 않겠느냐고 조언하기도 한다.

나는 씩 웃으며 "예~"라고 대답하기는 하지만 그들의 조언대로 베팅 금액을 늘리는 일은 절대 없다. 베팅 금액을 늘리는 순간 멘털이 무너지고 더 이상 수익을 얻을 수 없다는 것을 너무나도 잘 알기 때문이다.

나에게 베팅 금액을 늘리라고 조언한 사람은 백이면 백 자신의 베팅 금액을 늘린다. 하지만 이러한 뒷전의 운명은 대부분 정해져 있다. 내가 1,000원, 2,000원을 따는 동안 10만 원, 20만 원을 딴 그들은 기분이 좋아 내게 1만 원짜리 칩 하나를 슬며시 내밀며 감사 표시를 하기도 한다.

나는 그런 팁 따위를 수익에 산정하지 않지만 그렇다고 해서 거저 주는 돈을 마다하지도 않는다. 게다가 1만 원은 1,000원을 베팅하는 내가 10번 이겨야 얻을 수 있는 큰돈이다. 나는 "어휴, 뭘 이런 걸 다~" 하며 넉살좋게 웃으며 받아 챙기고는 즐겁게 게임에 임한다.

그러나 도박은 항상 이길 수는 없다. 순식간에 싸늘해지는 겨울처럼 게임 분위기도 금세 식어버리고는 한다. 이 경우 나와 뒷전의 운명은 극명하게 엇갈린다. 내가 한 판에 잃는 돈은 고작 1,000원이지만 뒷전이 잃는 돈은 보통 몇십만 원 이상이기 때문이다.

나는 가끔씩 파롤리 시스템 베팅 전략을 통해 약세장에서도 수익률을 극대화할 수 있지만, 처음부터 큰돈을 베팅한 동반자가 베팅 금액을 2배, 3배 높이는 것은 쉽지 않은 일이다. 결국 순식간에 큰 금액을 날린 뒷전은 멘탈이 붕괴되고, 마틴게일의 저주를 받아 점점 불어난 베팅 금액은 손실을 더욱 키워간다.

똑같은 주식시장에서 똑같은 종목에 투자하더라도 어떤 사람은 돈을 버는가 하면 또 어떤 사람은 집을 날린다. 그것은 주식시장이 좋지 않아서가 아닐 것이고 종목을 잘못 골라서도 아닐 것이다. 그 차이는 베팅의 방법과 기술, 투자 자본의 규모일 가능성이 크다.

내가 산 종목이 20년 후에 큰 가치를 발할 만한 가치주라 할지라도 잘못된 투자철학, 잘못된 매매 방식, 잘못된 투자 금액이 수반된다면 달콤한 열매를 맞이하기도 전에 손실의 상황을 맞이할 수도 있다.

20년을 보고 장기 투자한 현금 비중 0%의 전 재산은 갑작스러운 사고, 질병, 자녀의 대학 입학이나 결혼처럼 현금이 필요한 상황에서 취약해질 수밖에 없다. 며칠만 더 기다리면 달콤한 홍시로 먹을 수 있는데 떫은 땡감으로 먹어야 하는 경우가 생기지 않으리라는 보장은 없다.

돈을 버는 메커니즘은 돈을 귀하게 여기고 아끼는 마음에서 출발하며, 이를 위해 필요한 것은 안전하고 알뜰한 투자를 하는 것이다.

알뜰한 당신이
얻을 수 있는 것

강원랜드를 포함해 카지노 대부분은 '리워드 시스템'을 운영하고 있다. 게임 시간 및 베팅 금액에 따라 일정 금액의 포인트를 적립해주는데, 고객을 위한 서비스처럼 보이지만 고객을 묶어두는 일종의 미끼라고 생각하는 편이 더 나을 듯하다. 플레이어 대부분은 이 미끼를 덥석 물고는 적립된 포인트가 공짜인 듯 카지노 내에서 시가의 2~3배로 파는 음식과 서비스를 별다른 고민 없이 결제해버린다.

강원랜드는 '콤프'라는 리워드 시스템을 운용하는데, 특이하게도 카지노와 카지노 호텔 내에서만이 아니라 근처 외부 음식점과 상점에서도 사용할 수 있어 활용도가 높다. 도박을 오락의 목적이 아닌 경제적 이익 창출의 목적으로 바라본다면 이 리워드 포인트마저도 꼼꼼하게 잘 적립하고 활용해야 한다.

10시간 동안 게임을 하며 승패를 반복하다 결국 본전을 기록했다고 가정할 때, 게임을 통해 얻은 리워드 포인트를 계산에 포함한다면 분명 수익을 만들어낸 것이다. 게임을 하기 위해서는 잠을 자야 하고 밥도 먹어야 하니 이 포인트를 잘 활용해 돈을 아끼는 것은 경제적 관점에서 비용을 줄여 수익을 극대화하는 좋은 방법이다.

아인슈타인도 해내지 못한 '카지노에서 돈 벌기'가 가능했던 것은 작은 돈을 귀하게 여기지 않는 카지노에서 작은 돈도 귀하게 대하는 알뜰함을 유지했기 때문이다. 포인트로 쌓이는 적립금을 모두 수익으로 생각했고 작은 베팅 수익에도 만족할 줄 아는 자세를 잃지 않았던 것이 비결이었다. 택시비 5,000원은 아까워서 버스와 지하철을 갈아타는 수고를 마다하지 않는 사람이 주식 투자로 번 5,000원은 수익도 아니라고 생각하는 아이러니는 풀리지 않는 수수께끼다.

나는 알뜰함이라는 무기를 주식 투자에도 적용해보기로 했다. 작은 돈을 투자하더라도 알뜰함을 잃지 않고 신중하고자 했으며, 몇만 원의 수익에도 만족하는 마음을 가져보았다. 그리고 작은 베팅이 큰 손실을 막을 수 있었듯 작은 투자는 큰 손실을 방어하는 가장 손쉬운 방법이라는 것도 깨닫게 되었다.

사실 이것을 깨닫기 전에는 손실보다 수익에 더 큰 비중을 두고 '작게 투자하면 결국 조금만 먹을 수 있는 것 아닌가?' 하는 생각으로 손실의 위험은 아랑곳하지 않고 수익에 대한 욕심만 채우려 했다.

하루에 10~20% 등락하기도 하는 주식시장에서 길게는 1년을 기다려야 얻을 수 있는 4~5%의 배당 수익은 눈에 차지도 않을 만큼 작게 느껴진다. 주식 투자의 귀재로 불리는 버핏의 투자 수익률이 연평균 20% 내외라는 것을 감안하면 그리 작은 수익률이 아닌데도 말이다.

나는 위험성이 높은 투자일수록 감당할 만한 적은 금액으로 투자해야 한다는 깨달음을 얻었다. 세계 최고의 실력을 갖춘 투자자보다 더 높은 수익률을 목표로 삼는 것은 처음부터 불가능한 도전이라는 생각으로, 장기 투자용 주식의 목표 수익률을 상가 임대 수익률보다 조금 높은 10% 정도로 잡았다.

배당 수익률이 5%인 주식에 투자하면 투자와 동시에 목표 수익률의 50%를 달성하게 된다. 물론 배당을 받을 때까지 주가가 하락하지 않아야 하고, 주가가 5% 이상 하락하면 손실도 각오해야 하지만, 반대로 주가가 단 1%만 상승해도 목표 수익률에 더 가까워진다.

알뜰함은 돈을 소중히 여기는 마음에서 비롯된다. 이는 돈을 아껴 쓸 때뿐 아니라 돈을 벌 때도 똑같이 통한다. 투자 수익에 대한 지나친 기대는 무리한 투자를 부르고 이는 다시 감당하기 힘든 손실을 가져온다. 1억 원을 투자했는데 반토막이 나버린 주식의 가격은 매시간, 매분 단위로 궁금할 수밖에 없다. 주가의 등락에 따라 시시때때로 변하는 감정은 차치하더라도, 더 큰 손실의 공포에 맞서지 못하면 손절이라는 악수를 둘 수밖에 없다.

자신이 가진 자산에 비해 너무 큰 투자를 해놓고 장기 투자를 한다는 것은 불가능에 가깝다. 하지만 1만 원을 투자한 후 반토막이 나버린 주식은 추가 매수를 통해 복구할 기회를 몇 번이고 얻을 수 있고, 없는 주식이라 생각하고 장기 투자를 하는 것도 가능하다. 사실 이 정도 금액이라면 투자했다는 사실 자체를 잊어버릴 수도 있을 것이다.

나는 도박과 주식 투자처럼 위험성이 높은 투자일수록 고수익률 창출이 가능하다고 생각한다. 여기서 '고수익률'은 '고수익'과 전혀 다른 개념이다. 위험성 높은 투자로 고수익을 추구하다 보면 큰 손실도 함께 따른다. 하지만 자신의 자산 대비 적은 돈으로 투자하게 되면 큰 손실을 피할 수 있을 뿐만 아니라, 고수익률과 복리의 마법을 통해 가치 있는 수익을 만들어낼 수 있을 것이다.

따서 집에 가느냐,
잃고 주저앉느냐

도박은 인간의 욕심을 극단적으로 자극하는 메커니즘을 가지고 있다. 따라서 쉽게 멈출 수 없고 '멈추면 비로소 보이는 것'을 볼 수도 없게 된다.

도박을 할 때 멈추어야 하는 순간이 있는데 바로 '땄을 때'와 '잃었을 때'다. 카지노 전문 용어로 '윈 컷'과 '로스 컷'이라 불리는 이 멈춤은 실천하기가 매우 어렵다. 따면 더 따고 싶고, 잃으면 본전 생각이 난다. 고스톱을 칠 때 무리한 욕심으로 '스톱'을 하지 않아 '고박'을 쓰는 것과 비슷하다고 보면 된다.

실력 좋은 도박사는 돈을 따거나 잃을 때 표정을 바꾸지 않을 정도로 강한 멘털을 지니고 있다. 이를 '포커페이스'라하는데, '포커를 칠 때 가지고 있는 카드의 좋고 나쁨을 상대편이 눈치채지 못하도록 표정을 바꾸지 않는' 데서 유래한 말이다. 이처럼 강한 멘털을 지닌 도박사라면 자신의 목표 수익과 손실 예상액을 미리 정해놓고 확실한 스톱을 통해 수익을 실현하고 손실은 최소화하는 전략을 구사할 수 있을 것이다.

하지만 유리 멘털을 가진 내가 도박으로 돈을 딸 수 있었던 것은 갑자기 멘털이 강해져서가 아니었다. 나는 스톱을 스스로 제어하지 못하는 나약한 인간이라는 것을 잘 알고 있었다. 오랜 고민 끝에 내가 스스로를 제어할 수 없다면 '그 어떤 무엇인가'에 제어를 맡기기로 했다.

내가 고안한 방법은 '타임 컷'이었다. 카지노의 흔한 호구들은 스스로 멈추기가 쉽지 않다는 것까지는 어렵지 않게 깨닫는다. 그러고는 '머니 컷'이라는 대책을 세운다. 카지노에 가져가는 자본금을 미리 정해놓는 방식이다.

하지만 처음에 가져간 자본금이 바닥난다고 해서 계획대로 멈춰지는 일은 거의 없다. 카지노 내에 친절하게 비치되어 있는 ATM이 괜히 있는 것이 아니다. 차고 있는 시계나 타고 간 자동차는 베팅 가능한 현금으로 쉬이 바뀐다. 현금화가 가능한 모든 것이 바닥나야 '어쩔 수 없는 스톱'이 가능하게 된다.

이 머니 컷의 가장 큰 단점은 '땄을 때 멈추어야 하는 윈 컷'을 절대로 제어할 수 없다는 것이다. 게임이 지속되면 지속될수록 카지노에 유리하게 흘러가는 게임의 특성상, 땄을 때 멈추지 못하면 결국 모두 잃고 만다.

도박을 공부한 나는 호구 시절과 다른 타임 컷을 통해,

땄을 때 멈추는 것과 잃었을 때 멈추는 것을 동시에 제어할 수 있었다. 24시간 운영되는 해외 카지노와 달리 강원랜드의 영업 시간은 오전 10시부터 다음 날 오전 6시까지다. 타임 컷이 아주 명확하다. 카지노의 영업 종료 시각이든, 비행기 출발 시각이든, 극단적으로 내 삶이 끝나는 시각이든 '시간'으로 '컷'을 정해놓는다면 내 의지와 관계없이 멈출 수 있게 된다.

나는 물리적 환경에 따라 정해진 시간을 게임 가능 시간으로 정한 후 해당 시간 동안 게임을 몇 번이나 할 수 있는지 계산했다. 그리고 최악의 승률을 가정해 게임당 베팅할 수 있는 최대 금액도 계산했다. 이를 실전에 적용해본 결과, 최악의 상황을 가정해 준비한 자본금은 물리적인 시간이 늘어나지 않는 한 부족하지 않다는 것을 알 수 있었다.

예를 들어 점당 1원으로 고스톱을 치면 1시간 동안 잃는 돈이 1만 원을 넘기기 힘들다는 것과 유사한 원리다. 실력 있고 운 좋은 누군가가 1시간 동안 내 돈 1만 원을 따려면, 평균 5분이 소요되는 고스톱 게임을 12판 진행할 때 한 판에 800점 정도를 연속해서 내야 한다. 800점이라는 고스톱 점수는 영화 속 타짜에게나 가능한 일이다.

내가 개발한 이 타임 컷은 확실히 효과가 있었다. 미리 예상한 최악의 상황이 잘 일어나지 않았을 뿐 아니라, 그러한 일이 일어난다 할지라도 감당 가능한 금액으로 설정되어 있기에 전혀 위협적이지 않았다. 이는 위험천만한 도박을 안전한 투자 상품으로 만드는 비결이었다.

주식 투자에서 윈 컷과 로스 컷은 익절과 손절이라는 형태로 존재한다. 목표한 수익률에 이르면 매도해야 하고, 감당하기 힘든 수준의 하락이 예상될 때도 과감하게 손절해야 한다.

도박에서는 타임 컷이라는 무기를 개발해 좋은 효과를 거두었지만 주식 투자에서는 이와 유사한 다른 무기가 필요했다. 내가 유리 멘털을 가진 인간이라는 사실은 여전히 변함이 없었기 때문에, 욕심을 제어할 방안과 손실에 대한 공포에 맞설 방도를 만들어야겠다고 생각했다.

워런 버핏이 알려준
'비로소 멈추어야 할 때'

손절 타이밍을 언제로 잡는가는 주식 투자에서 풀리지 않는 숙제였다. TV 증권 방송에 출연하는 자칭 주식 투자 전문가들은 '3만 원을 매수 타이밍으로 잡고 3만 5,000원까지를 수익 구간으로 보면 됩니다. 하지만 2만 5,000원 선을 터치하면 반드시 손절해야 합니다'라는 식으로 구체적인 손절 가격 선을 제시해준다.

그 주식이 2만 5,000원이 된 것은 시장의 변화 때문일 수 있고, 거짓 소문 때문일 수 있고, 작전 세력의 농간 때문일 수도 있는데 묻지도 따지지도 말고 무조건 2만 5,000원이 되면 손절하라는 것이 가당키나 한 소리일까?

전문가의 말대로 더 이상의 손실을 막을 수는 있겠지만 확정된 손실은 말 그대로 끝이다. '몇 퍼센트 정도 하락하면 손절하자'라는 식으로 손절 타이밍을 잡는 것이 합리적이지 않은 이유이기도 하다.

언제 손절해야 하는지를 고민할 무렵, 버핏의 그 유명한 투자 비법이 스쳐 지나갔다.

"나의 첫 번째 투자 원칙은 '절대 잃지 말라'입니다. 그리고 두 번째 원칙은 '첫 번째 원칙을 잊지 말라'입니다. 이게 다입니다. 무엇이든 그것의 가치보다 싸게 사면 돈을 잃지 않습니다."

세상에서 주식 투자로 가장 많은 돈을 번 사람이 한 말이다. 같은 말도 해석에 따라 진의가 왜곡될 수 있지만 적어도 내게는 이렇게 들렸다.

"제대로 산 주식이라면 손절을 할 필요가 없습니다. 그냥 다시 오를 때까지 기다리세요."

아주 간단하게도 '손절 타이밍'에 대한 고민은 버핏의 조언으로 쉽게 해결됐다. 손절을 하지 않으면 손절 타이밍을 정할 필요도 없었다.

나는 당시 달러 투자를 통해 적지 않은 수익을 챙기고 있었다. 달러는 절대적으로 안전한 투자 상품이라 생각했던 나는 달러를 매수한 후 환율이 하락하면 손절하지 않고 다시 오를 때까지 마냥 기다렸다. 달러가 휴지 조각이 된다는 것은 원화 역시 휴지 조각이 된다는 것이었기에 버티기가 전혀 어렵지 않았다.

아무런 수익 없이 소중한 자산이 묶이는 것은 기회비용 측면에서 손실을 의미했지만 달러는 곧 돈이라는 점에서 오히려 원화보다 강력한 현금성 자산이었다. 달러는 이틀만 은행에 넣어두더라도 원화 1년 만기 정기 예금보다 높은 이자를 지급해주었기 때문에, 차익 실현이 불가능한 달러는 은행에 넣어두고 이자 수익을 기대하면 그만이었다.

하지만 주식은 아쉽게도 현금 자산이 아니기 때문에, 주가가 하락한 경우 다시 오를 때까지 버티는 기간에 이자가 붙지 않았다. 하지만 일부 주식은 예금보다 더 높은 수익률의 '배당'을 기대할 수 있다는 사실을 기억해냈고, 손절하지 않고 버티면서 수익을 내는 방법으로 활용했다. 도박은 잃으면 그냥 잃을 뿐이지만 주식 투자는 잃으면서도 또 다른 형태의 수익을 기대할 기특함을 품고 있었다.

손절 타이밍에 대한 고민을 어느 정도 해결한 후 이번에는 익절 타이밍에 대해서도 생각해보았다. '주식은 내가 사는 가격이 가장 높고 내가 파는 가격이 가장 낮다'라는 말이 있을 정도로 매수 타이밍과 매도 타이밍을 맞히는 것은 쉽지 않다.

위험한 주식 투자를 통해 손실이 나지 않고 수익이 발생했다는 것만으로도 감사해야 하지만 사람의 욕심은 끝이 없어서, 매도한 주식의 가격도 계속 쳐다보게 된다.

이것이 더 높은 가격에 팔지 못한 미련에 그친다면 괜찮다. 문제는 팔고 나서 더 오른 주식을 더 높은 가격에 다시 매수하는 것이며, 최초의 수익보다 더 큰 손실로 끝을 맺는 경우가 허다하다는 것이다. 좋은 경험을 안겨준 주식에 대한 긍정적인 마음이 투자 판단을 흐려놓기 때문이다.

나는 이 문제도 간단하게 생각해보기로 했다. 손절하지 않으면 손절 타이밍을 정하지 않아도 되는 것처럼, 미련을 가지지 않으려면 미련을 가질 만한 일을 하지 않으면 될 것이었다.

보통 주식을 매도하고 나면 내심 그 주식의 가격이 하락하기를 바라게 된다. 하지만 현실은 내 마음같이 움직이지 않는다. 내가 5%에 차익을 실현한 주식이 10%나 더 올라 있는 것을 보면 고통스럽다. 여자 친구와 헤어졌을 때 고통스러운 것은 이제 더 이상 그녀를 사랑할 수 없기 때문이지만 그녀가 이제 다른 남자를 사랑하기 때문이기도 하지 않던가.

나는 정해놓은 목표 수익률에 도달한 주식을 매도해 차익 실현을 할 경우, 일정 비율은 팔지 않고 남기는 방법을 써보기로 했다. 이렇게 하면 매도 후 주가가 하락하면 저가 매수 타이밍이 되고, 주가가 상승하면 수익이 더 늘어나게 된다. 올라도 좋고 내려도 좋은 상황이 연출되는 것이다.

이 역시 달러 투자를 통해 얻은 교훈 중 하나다. 나의 부족한 능력으로는 아직 좋은 주식, 괜찮은 회사를 확신하지 못한다. 하지만 달러를 투자 종목 중 하나로 본다면 '세상에서 가장 안전하고 좋은 투자 대상'이라고 자신 있게 말할 수 있다.

이 확신은 실제로 달러의 가격이 내리든 오르든 내게 수익과 기회를 동시에 가져다준다. 달러의 가격이 오르면 차익 실현을 하고 반대로 가격이 내리면 매수 기회로 삼는 것이다. 오르락내리락 끊임없이 움직이는 달러 가격은 그만큼 잦은 투자 기회와 수익을 안겨준다.

이제 앞으로 해야 할 일이 명확해졌다. 달러만큼 안전하고 가치 있는 회사의 주식을 발굴하는 것 말이다.

스트라이크 아웃이 없는
투자의 규칙

버핏이 주식 투자를 스트라이크가 없는 게임이라고 비유했던 말은 아직까지도 많은 사람에게 회자되고 있다.

"주식 투자에는 스트라이크가 없습니다. 투수는 그냥 서서 공을 계속 던집니다. 만약 진짜 야구를 한다면 무릎과 어깨 사이의 공을 보고 스윙을 하거나 스트라이크를 받습니다. 스트라이크를 너무 많이 받으면 아웃이 되지요. 하지만 주식시장에서는 대기하고 있는 당신에게 US스틸을 25달러에 던지고 GM을 68달러에 던져도 방망이를 휘두를 필요가 전혀 없습니다. 스윙하기 아주 좋은 공이라 해도 그 회사를 잘 모르면 칠 필요가 없습니다. 기다리다가 수천 개의 공 중에서 마침내 당신이 원하던 공이 날아오면 그때 치면 됩니다. 6개월이든 2년이든 공을 안 칠 수도 있습니다."

도박 역시 투자 행위와 매우 닮아서, 카지노 테이블 앞에 앉아 시원한 망고 주스를 마시며 지켜보기만 해도 전혀 문제가 되지 않는다. 하지만 카지노의 룰을 잘 모르는 초보자는 단 한 판이라도 게임을 쉬면 게임을 그만두거나 다른 사람에게 자리를 양보해야 하는 것으로 착각한다.

또한 카지노에는 절대로 테이블에 앉지 않고 게임을 하는 플레이어도 있다. 여기저기 테이블을 기웃거리다가 자신이 원하는 상황, 즉 확률상 플레이어에게 유리하다고 판단하는 경우에만 베팅하는 방식으로 게임을 진행한다.

테이블에 진득하게 앉아서 집중력을 가지고 카드 패의 흐름을 살피는 플레이어가 있는 반면, 이렇게 좋은 기회만 골라가며 한가롭게 베팅하는 플레이어도 있다.

이것은 각자의 게임 철학에 따른 것이지, 어떤 것이 맞고 틀리고의 문제가 아니다. 하지만 게임을 하면 할수록 자본금이 0에 수렴하도록 구조화된 카지노의 특성을 고려한다면, 모든 게임에 베팅하는 것보다는 원하는 공을 골라내듯

원하는 상황에서만 베팅하는 것이 더 현명할 방법일 수 있다. 나 역시 호구 시절에는 '이번 판에 베팅하지 않으면 얻을 수도 있는 수익을 놓치는 것이 아닐까?' 하는 조바심으로 잠자는 시간, 화장실 가는 시간까지도 아껴가며 쉼 없이 베팅을 했다. 이것은 돈 잃고 호구 되기에 가장 좋은 게임 패턴이다.

지금 사지 않으면 영원히 내릴 것 같지 않았던 주식도 내가 사는 순간 언제 그랬느냐는 듯 바닥으로 향하는 경험을 해보았을 것이다. 주식의 적정가는 회사의 가치 분석을 통해 판단해야 한다. 시장 상황이나 수급에 의해 주가가 등락할 수는 있겠지만 결국 제 가격을 찾아갈 수밖에 없는 것이 주식의 본성이다.

버핏처럼, 그리고 쉴 때 쉬면서 여유 있게 베팅하는 프로 도박사처럼 투자는 원할 때만 하더라도 아무 문제가 발생하지 않는다. 내가 사려고 했던 주식이 내가 생각하는 적정 매수가보다 높으면 사지 않고 기다리는 것이 최선이다. 매수 타이밍을 놓치고 훨훨 날아오르는 주가를 바라보며 아쉬워할 필요도 없다.

지금 이 순간에도 카지노에서는 '만약 돈을 걸었다면 100% 이상의 수익이 발생했을 게임'이 매분 수천 개씩 진행되고 있을 것이고, 내가 샀다면 수십억 원에 당첨될 수 있었던 로또는 1,000회를 훌쩍 넘어서고 있다.

사서 잃는 것보다 사지 않아서 후회하는 것이 더 낫다.

시간이 흐를수록
녹아버리는 돈

정상적인 형태의 도박은 성공 확률이 50%다. 승리하면 100%의 이익을 얻고 실패하면 반대로 100%의 손실을 입는다. 이처럼 정상적인 도박만 한다면 돈을 크게 잃는 일은 일어나지 않는다. 확률적으로 한 번 잃으면 또 한 번은 딸 수 있기 때문이다.

하지만 인간 탐욕의 결정체라 할 수 있는 카지노에서 이런 형태의 도박은 존재하지 않는다. 홀짝 게임처럼 승리와 실패의 확률이 각각 50%라면 카지노는 플레이어가 게임을 시작하는 즉시 손실을 입게 된다. 카지노는 건물을 짓고 시설을 설치하고 딜러를 고용하는 등 막대한 비용을 쓰기 때문이다. 이러한 이유로 카지노 내의 모든 게임은 조금씩 카지노에 유리한 구조로 설계되어 있다.

초보자도 쉽게 참여할 수 있는 룰렛은 0에서 36까지 눈금으로 37등분이 된 회전 원반에 작은 구슬을 굴려서 그 구슬이 들어가 멈추는 지점의 결과에 따라 승패가 갈리는 게임이다. 각각의 숫자는 빨간색과 검은색으로 구분되어 있고 플레이어는 빨간색과 검은색 둘 중 하나를 선택해 베팅한다. 게임 규칙이 이처럼 단순하다 보니 많은 초보자가 쉽게 걸려든다.

빨간색과 검은색 중 하나에 베팅하면 승률이 50%라고 생각할 수 있을 것이다. 하지만 구슬이 숫자 0에 들어가는 순간 플레이어는 빨간색에 베팅했든 검은색에 베팅했든 모두 돈을 잃게 된다. 0은 빨간색도 검은색도 아닌 초록색으로 되어 있기 때문이다. 즉 총 37개의 숫자 중 돈을 따는 색의 숫자는 18개인데 돈을 잃는 색의 숫자는 19개다. 이를 계산해보면 플레이어가 승리할 확률은 50%가 아니라 약 48.6%이고, 카지노가 승리할 확률은 50%가 아니라 51.4%다.

두 승률의 차이는 약 2.7%포인트인데 이것이 바로 '하우스 에지'라 불리는 카지노의 수익률이다. 어마어마한 규모와 럭셔리한 시설을 갖춘 카지노에 2.7% 정도의 기대 수익은 미미하다고 생각한다면 오산이다. 카지노에서 게임하는 사람이 단 한 판만 하고 집에 가는 일은 사실상 거의 없기 때문이다.

100만 원을 들고 게임을 시작한 플레이어가 계속해서 베팅한다고 가정할 때, 첫 게임에서는 전체 자산의 2.7%인 2만 7,000원을 잃을 것이다. 두 번째 게임에서는 남은 자산 97만 3,000원의 2.7%인 약 2만 5,000원을 잃을 것이고 이제 남은 자산은 94만 8,000원으로 줄어든다.

게임이 진행될수록 자산이 점점 줄어들 수밖에 없는 구조이며, 결국 플레이어는 모든 돈을 잃을 것이다. 많은 사람이 카지노에서 돈을 날리는 것은 바로 이 카지노 에지 때문이다. 도박사는 이것을 '돈이 녹아든다'라고 표현한다.

주식에도 카지노처럼 하우스 에지가 존재한다. 증권사의 거래 수수료와 거래세가 바로 그것이다. 거래 수수료는 증권사마다 차이가 있는데 0.015% 정도의 낮은 수준이거나 아예 무료인 경우도 있지만, 매도 시 발생하는 거래세는 2024년 현재 0.18% 정도다.

1,000만 원의 주식을 거래할 경우 약 1만 8,000원의 손실이 발생한 상태에서 투자가 시작된다. 주식을 자주 사고 팔수록 증권사와 정부가 돈을 번다. 거래 횟수가 많을수록 승률이 낮아진다. 돈이 녹아들기 때문이다.

주식을 거래하는 방식은 횟수와 주기에 따라 스캘핑, 데이 트레이딩, 스윙 트레이딩, 장기 투자로 구분할 수 있다. 이른바 초단타 매매라 할 수 있는 스캘핑은 주식 보유 시간을 통상 2~3분 단위로 짧게 잡아 하루에 수십 번 또는 수백 번 거래하며 박리다매로 매매 차익을 얻는 기법이다. 데이 트레이딩은 하루에 몇 번 정도만 거래하는 방식이며 스윙 트레이딩은 매매 주기가 하루에서 5일 정도다.

장기 투자를 제외하고 이처럼 잦은 매매를 수반하는 주식 트레이딩 기법은 주가의 변동 폭이 크지 않더라도 자본 손실이 계속된다.

주가가 하락했을 때 사고 상승했을 때 파는 귀신같은 능력이 있다면 이 매매 방법은 큰 문제가 되지 않는다. 시세 차익에 비해 수수료나 거래세가 크지 않을 것이기 때문이다. 하지만 주가의 흐름이 예상과 다를 경우 손실 폭이 커진다. 시세 차손에 거래 수수료가 더해지기 때문이다.

거래 수수료가 무료인 HTS로 주식 거래를 한다 할지라도 0.18%의 거래세를 피할 수 없기에 도박으로 치면 승률 49.82%의 게임을 하는 것과 같다. 앞에서 이미 설명했듯 계속된 거래를 통해 자산의 0.18%가 계속해서 줄어든다면 시간의 흐름에 따라 자본금은 0에 수렴할 것이다. 이는 곧 주식 거래를 도박처럼 할 경우 결과도 도박과 다르지 않다는 의미다.

주식이 도박과 다른 이유는 하우스 에지와 거래 수수료의 구조 차이에서도 찾을 수 있다. 하우스 에지는 카지노가 일방적으로 정해놓은 규칙이며 이를 따르지 않고는 베팅할 수 없다. 또한 수수료에 해당하는 금액 역시 매우 높은 편이다. 내가 수많은 카지노 게임 중 블랙잭만 고집하는 것은 이 거래 수수료, 즉 하우스 에지가 카지노 내 게임 중 가장 낮기 때문이다.

만약 당신이 카지노를 운영하는 사장이라면 수익률이 높은 바카라 테이블을 더 많이 설치할 것인가, 아니면 수익률이 낮은 블랙잭 테이블을 더 많이 설치할 것인가? 이러한 이유로 대부분의 대형 카지노에는 블랙잭 테이블보다 바카라 테이블이 훨씬 많다.

하지만 주식 거래에서는 장기 투자 방식을 이용해 단 한 번의 거래세만 부담할 수 있고 금액 역시 도박과 비교하면 매우 낮다. 매수와 매도 횟수를 줄이는 것만으로도 주식 투자의 성공 확률이 높아지는 것이다.

또한 잃지 않는 투자, 즉 손절매 대신 익절매만 하는 것도 돈이 녹아드는 것을 방지하는 좋은 방법이다. '주식으로 돈을 버는 가장 쉬운 방법은 주식 계좌의 비밀번호를 잊어버리는 것이다'라는 우스갯소리가 만들어진 이유가 여기에 있다.

같은 게임,
다른 승률

룰렛의 승률은 비록 50%에는 미치지 못하지만, 운이 좋으면 48.6%의 확률로도 돈을 딸 수 있다. 814만분의 1 확률의 로또지만 매주 당첨자가 나온다는 사실은 운이 확률도 이겨낼 만큼 위대하다는 증거다. 카지노에는 이 위대한 운을 믿고 확률에 도전하는 사람이 넘쳐난다.

그나마 48.6%의 확률과 운을 무기로 싸우는 사람은 큰돈을 잃지 않거나, 잃더라도 아주 천천히 잃는다. 하지만 카지노의 모든 게임이 플레이어에게 48.6%의 승리 확률을 보장해주는 것은 아니다.

룰렛의 경우 숫자의 색을 맞히는 것에 베팅할 수도 있지만 숫자에 베팅할 수도 있다. 0에서 36까지의 숫자 중 단 하나의 숫자에 베팅하게 되면 2.7%의 승률로 36배의 수익을 기대할 수 있다.

　카지노는 이른바 '한 방'을 노리는 사람이 모여드는 곳이다. 그래서 실제로 룰렛 테이블에 가보면 검은색과 빨간색에 베팅하는 사람은 호기심에 재미 삼아 소액을 베팅하는 관광객뿐이다. 진정한 도박꾼이라면 한 방에 36배 정도는 노려야 한다.

　승률이 단 2.7%도 안 되는 게임에 베팅한다는 것은 말 그대로 도박과 같은 위험한 행위다. 하지만 수많은 도박꾼이 확률 따위는 헌신짝 버리듯 내팽개치고 자신의 돈과 운명을 오로지 운에 맡긴다. 로또 당첨 확률에 비하면 2.7%의 승률은 어마어마하게 높다고 생각하면서 말이다.

　카지노에서 도박을 하는 사람이나 주식 투자를 하는 사람이나 욕심은 끝이 없다. 하루 평균 등락률이 5% 미만인 대형주보다, 하한가에서 시작해 상한가까지 움직이는 등락률 85%의 소형 테마주에 눈길이 가는 이유이기도 하다. 같은 도박을 하더라도 안전하게 베팅하는 사람이 있는가 하면 위험한 베팅을 즐기는 사람도 있다. 주식 거래도 마찬가지다.

　내가 위험천만한 카지노에서 살아남을 수 있었던 것은 위험성이 가장 낮은 도박, 즉 카지노 에지가 가장 낮은 게임만 했기 때문이다. 하우스 에지 개념을 몰랐거나 공부하지 않았다면 '도박은 다 거기서 거기'라고 생각하며 재미있고 짜릿한 바카라 같은 게임에 빠져들었을 것이다.

블랙잭의 하우스 에지는 0.4% 정도로 알려져 있다. 블랙잭 역시 승률 49.8%로 50%에 못 미치지만 앞서 언급한 룰렛의 색깔 맞히기 하우스 에지가 2.7%인 것과 비교해보면 플레이어에게 무척 유리한 게임이라는 것을 알 수 있다. 마침 0.18%의 주식 거래세와 비슷하다.

내가 블랙잭을 처음 시작하게 된 것은 '카지노를 이길 수 있는 유일한 게임은 블랙잭이다'라는 말을 어디서 주워들었기 때문이다. 하지만 현실은 이론과 너무나도 달랐다. 게임 규칙이 다른 게임들에 비해 플레이어에게 유리하게 설계되어 있다고 해서 쉽게 이길 수 있는 것은 아니었다.

블랙잭은 다른 카지노 게임과 달리 플레이어의 전략과 실력에 따라 승률이 달라진다. 49.8%라는 승률은 게임을 제대로 운영하지 않을 경우 30% 혹은 10% 이하로도 낮아질 수 있다. 극단적인 가정이지만 플레이어가 계속해서 히트를 선택할 경우 승률은 0%가 될 수도 있다.

'주식 투자는 도박에 비해 안전하고 효과적인 재테크 수단이다'라는 말만 듣고 아무런 연구나 노력 없이 뛰어든다면 규칙과 전략도 모르는 상황에서 블랙잭에 임하는 호구와 다를 것이 없다. 내가 블랙잭으로 돈을 벌 수 있었던 것은 기본적인 게임 규칙은 물론 운영 전략, 베팅 전략, 마인드 컨트롤까지 세심하게 연구하고 대비했기 때문이다.

같은 블랙잭 플레이어여도 돈을 잃고 따는 사람이 갈리는 것처럼, 같은 회사의 주식을 매수한 투자자여도 어떤 사람은 수익을 내고 어떤 사람은 재산을 날린다. 이것은 게임의 문제가 아니라 게임을 하는 방법의 문제다.

황금 지렛대일까,
썩은 지렛대일까

레버리지는 수익을 극대화할 수 있는 매력적인 도구다. 자신의 힘만으로는 들 수 없는 무거운 물건을 지렛대(레버리지)를 이용해 쉽게 들어 올리듯, 잘 활용하면 좋은 투자 효과를 누릴 수 있다. "크기와 강도가 알맞은 지렛대만 있다면 지구도 들어 올릴 수 있다"라고 했던 아르키메데스의 말은 투자에서도 유효하다.

선물, 옵션, FX 마진 거래 등은 큰 레버리지 효과를 거둘 수 있는 투자 상품으로 알려져 있다. 예를 들어 '레버리지 10배'라는 것은 100만 원의 돈으로 10배인 1,000만 원을 투자할 수 있다는 의미다. 물론 위험성도 더욱 커진다.

100만 원을 투자해 10%가 떨어지면 10만 원의 손실이 나지만, 레버리지를 이용해 그 10배인 1,000만 원을 투자한 경우 10%가 떨어지면 100만 원의 손실이 발생해 결국 원금이 모두 사라지게 된다. 10배의 레버리지를 사용한다는 것은 10% 손실만으로도 파산에 이를 수 있다는 의미다.

카지노에서도 레버리지 사용이 가능하다. 도박 자금을 남에게 빌려 쓰는 것이다. 빌린 1,000만 원을 홀짝 게임에 베팅해 승리한 후 곧바로 원금을 갚는다면 0원을 투자해 1,000만 원의 수익을 달성했다고 볼 수 있다. 주식 투자에서 미수 거래나 신용 거래를 통해 레버리지를 일으키는 것은 어렵지 않다. 하지만 레버리지 사용에는 신중에 신중을 기해야 한다.

우리 주변에서 가장 흔하게 볼 수 있는 레버리지 투자는 부동산 매매다. 주택과 아파트 같은 부동산은 가격이 워낙 무거운지라 지렛대 없이 들어 올리는 것은 불가능에 가깝다. 사람들이 부동산 거래에서 레버리지를 쉽게 사용하는 것은 부동산 가격이 비교적 안정적이기 때문이다. 경우에 따라 집값이 하락할 수 있지만 50% 이하로 내려가는 것은 흔치 않다. 또한 인플레이션으로 인해 현물 자산의 가치가 시간이 지나면서 상승한다는 것도 사실에 가깝다.

전세가와 매매가의 차이를 활용하는 일명 '갭 투자'의 경우 5,000만 원으로 5억 원짜리 아파트를 매입하는 것이 가능하다. 10배의 레버리지를 일으킬 수 있는 것이다. 이 경우 전세 보증금으로 받은 돈은 주택담보대출처럼 이자가 발생하는 것도 아니기 때문에 레버리지의 효과를 고스란히 얻을 수 있다.

인터넷 재테크 카페의 게시판이나 부동산 서적을 보면 단시간에 부동산으로 큰돈을 벌었다는 사람의 이야기가 흔하게 나온다. 1년 만에 주택 10채를 가지게 되었다든지, 현재 보유한 아파트가 100채라든지 하는 사례는 모두 이 레버리지의 힘 덕분이다.

내가 현재 보유한 자산의 주축인 부동산 역시 이 레버리지 덕분에 얻은 결과물들이다. 내 소유의 아파트와 건물은 내 자본뿐 아니라 은행의 자본이 함께 포함되어 있다는 이야기다.

투자용 오피스텔 구매를 위해 부동산 실장과 대화하던 중 이러한 말을 들었다. "이 지역은 경기 침체로 인해 단기적인 오피스텔 가격 하락이 있을 수 있지만 10년을 놓고 보면 가격이 하락한 예는 하나도 없습니다.”

부동산 실장은 거래를 일으키기 위해 지나친 일반화의 오류를 범했을 가능성이 있다. 또한 10년간의 인플레이션으로 화폐 가치가 하락한 만큼, 가격이 오르지 않은 부동산은 가격이 하락한 것과 마찬가지라는 사실을 쏙 빼놓았다.

주식의 경우 상한가에 샀다가 하한가에 판다면 단 하루에도 50% 가까운 손실이 날 수 있다. 3배의 레버리지 투자를 했다면 단 몇 분 사이에 파산할 수도 있다.

어떤 사람은 자금이 적어 원하는 만큼 수익을 얻을 수 없다며 주택담보대출을 받아서 그 돈으로 주식에 투자하려고 한다. 주택을 담보로 돈을 빌리는 행위는 이미 레버리지를 한 번 사용한 것이다. 따라서 이 돈을 주식에 투자하면 레버리지를 또 다른 레버리지로 이용하는 이중 레버리지 상황이 발생한다. 이는 자산을 도미노처럼 무너뜨리는 가장 쉬운 방법이다. 지렛대를 무리하게 사용하면 부러질 수 있다.

레버리지는 가격 하락의 마지노선이 확실할 때 사용해야 한다. 더 안정적으로는 수익이 확실할 때 사용해야 한다. 이러한 측면에서 볼 때 주식 투자는 가격 하락의 마지노선과 수익 실현의 가능성이 불확실하기 때문에 레버리지 사용은 매우 위험하다.

레버리지가 강력한 황금 지렛대가 될지 썩은 지렛대가 되어 부러질는지는 투자 대상의 무게, 즉 가치에 달려 있다. 개별 종목마다 레버리지를 사용할 수 있는 한도가 제각각인 것도 종목별로 가치가 다르기 때문일 것이다.

투자 대상의 가치에 대한 확신이 부족하다면 레버리지를 사용하지 않는 것이 현명하다.

3장

좋은 주식 고르기

도박에서 시작된
퀀트 투자

퀀트 투자는 주식시장과 금융시장의 패턴을 분석해 일정한 공식을 만들어 주식 투자 등에 적용하는 것을 말한다.

퀀트의 아버지라 불리는 에드워드 O. 소프는 카지노에서 도박으로 큰돈을 번 이력이 있다. 그는 블랙잭을 분석한 자료를 전산화해서 마침내 딜러를 이길 수 있는 방법을 찾아냈고, 그 연구 결과를 '행운의 공식-블랙잭 필승 전략'이라는 제목으로 미국수학회에 기고하기도 했다. 더 나아가 라스베이거스 카지노에서 이 이론이 옳다는 것을 입증하면서 큰돈을 벌었다.

소프의 이론 때문에 위기에 처한 카지노는 이론의 핵심

인 카드 카운팅을 원천적으로 막아낼 방법을 찾아냈고, 더이상 블랙잭으로 돈을 벌 수 없었던 소프는 주식시장으로 눈을 돌렸다.

도박을 통해 주식 투자에 눈을 뜬 나는 소프의 일대기에 흥미가 생겼다. 그리고 그가 도박을 그만두고 '최초의 퀸트'로 주식 투자에 성공했다는 이야기를 들었을 때는 내 도박 경험이 주식 투자로 이어진 것이 필연이라는 생각까지 들었다.

소프는 워런 버핏을 만난 것이 큰 행운이라고 말하며, 1982년 포트폴리오의 100%를 버크셔 해서웨이에 투자했다. 버크셔 해서웨이의 주가가 곧 가치주지수라고 이야기하기도 했다. 그는 내게 주식 투자의 분석 방법을 제시해준 동시에 버핏의 투자철학이 퀸트의 개념과 잘 어울린다는 것도 알게 해주었다.

만화《슬램덩크》의 주인공인 강백호가 남긴 그 유명한 대사 "왼손은 거들 뿐"은 결국 골을 넣는 것은 오른손이라는 의미다. 언뜻 보면 두 손으로 공을 던지는 것이 더 정확할 것 같지만 두 손의 균형을 정확히 맞추기가 어렵다. 그래서 오른손만으로 공의 방향과 힘을 제어하고 왼손은 말 그대로 '거드는' 역할만 해야 좋은 골을 만들어낼 수 있다.

내가 생각하는 퀀트는 이 '거드는' 역할로 꼭 필요한 기술이다.

오른손의 역할을 왼손이 대신해서는 안 된다. 가치투자를 전제로 하는 투자철학이 중심이 되어야 한다. 이러한 철학이 없다면 퀀트는 물론 그 어떤 주식 평가 지표도 쓸모없는 숫자일 뿐이다.

퀀트는 크게 기본적 분석과 기술적 분석의 데이터로 활용 가능하다. 기술적 분석을 대표하는 차트 분석이 과거의 발자국을 토대로 미래의 발자국을 예측하는 것이듯, 퀀트를 기술적 분석의 지표로 사용하면 똑같은 우를 범할 수 있다.

퀀트를 단타 매매의 로봇으로 활용하면 투자 주체별 수급이나 일시적인 매매 패턴에 따라 주식을 거래하게 된다. 이 또한 주식 차트 분석과 맥을 같이한다고 할 수 있다. 이러한 방법은 가치투자를 위한 기본적 분석과 아무런 관계가 없다. 나는 퀀트를 기술적 분석에 활용하지 않고 기본적 분석에만 그 개념을 접목해 '거드는' 역할로 활용했다.

어느 자산운용사에서 한국 주식시장의 '저PER+저PBR' 상위 20개 종목을 매수하고 매달 리밸런싱하면 어떠한 결과가 나오는지 실험한 적이 있었다. 이는 이미 잘 알려져 있는 기초적 퀀트의 마법공식 중 하나다. 실험 결과 2년간 53% 수익률을 달성해 같은 기간 시장 수익률을 크게 앞섰다. 또한 이러한 투자 방식을 과거 17년간 지속했을 경우 무려 14만 퍼센트의 수익률을 올릴 수 있었다는 결과를 도출했다.

PER과 PBR에 집중했다는 것은, 투자자마다 의견이 분분하지만 '비교적' 저평가되어 있는 종목에 투자했다는 것을 의미한다. 그리고 2년 동안 지속했다는 것은 장기 투자의 결과라는 의미다.

내가 지향하는 퀀트 투자는 회사의 가치를 보여주는 지표들에 기초한다. PER과 PBR은 물론이고 ROE, 매출 증감률, 영업이익 증감률 등 다양한 과거 지표를 통해 지속적으로 성장하는 기업인지 여부에 초점을 둔다.

퀀트의 개념을 알게 된 나는 이를 실제 주식 투자에 활용할 방법이 무엇일까 고민하기 시작했다. 자동으로 주식을 매매하는 복잡한 알고리즘의 로봇을 개발할 능력이 없었고(참고로 이 책이 처음 출간된 2020년에는 그랬지만 3년이 지난 지금은 기적처럼 능력이 생겼다), 가치주를 발굴하는 데 퀀트의 개념을 활용해볼 만한 다른 방안을 찾아보기로 했다.

퀀트는 못 하지만
검색은 할 수 있다

수많은 주식 종목 중 실제로 좋은 실적과 성장이 예상되는 회사를 찾아내는 데는 과거의 사업 성과가 매우 유용하다. 극단적인 예로 지난 50년간 돈을 잘 벌며 성장해온 회사가 한순간에 망할 확률은 낮을 것이기 때문이다. 피터 린치가 했던 말처럼 '마차를 몰 때 쓰는 채찍이나 진공관 라디오를 만드는 기업'이 아니라면 말이다.

물론 경기 침체나 무역 분쟁, 세계적 전염병 유행 같은 대외 변수로 인한 일시적 주가 하락을 피할 수는 없겠지만, 인플레이션으로 인한 매출 증가로 주가가 우상향 그래프를 그리는 것에는 변화가 없을 것이다.

그렇다면 이제는 내가 중요하게 생각하는 데이터에 부합하는 가치주를 찾아내는 일만 남게 된다. 분할 매수와 리밸런싱 같은 투자 기술은 이미 준비되어 있었다. 세븐 스플릿 주식 투자 시스템 말이다.

하지만 수많은 상장사 중 내 입맛에 맞는 회사를 찾아내기란 그리 쉬운 일이 아니었다. 회사들을 하나하나 검색해 재무제표를 분석하고, 사업보고서를 읽고, 인터넷 증권

포털 서비스가 제공하는 다양한 정보를 일일이 살펴보는 방법도 있었지만 이는 여간 번거로울 뿐 아니라 많은 시간이 필요했다. 나는 그 어떠한 회사의 가치도 확신할 수 없었고, 설령 좋은 회사가 있다 하더라도 그것을 알아볼 능력을 갖추지 못했기 때문에 '지나친 노력은 곧 낭비'라고 생각했다.

그러다 발견한 HTS의 '조건 검색' 메뉴는 이러한 고민을 단번에 해결해준 고마운 존재였다. 이 메뉴를 활용하면 저PER+저PBR 상위 20개 종목을 찾아내는 것 정도는 단 몇 분이면 가능하다. 이 메뉴에는 선택된 종목이 어떠한 조건 검색을 거쳤는지까지 자세하게 나와 있다.

예를 들어 '대형 저평가 우량주'에 투자하고 싶어 하는 투자자에게 HTS가 추천하는 조건은 '시가총액 5조 원 이상, 부채 비율 150% 이하, 영업이익률 7% 이상, 이자 보상 배율 2배 이상, PER 15배 이하'다. 이러한 조건은 현재가와 최근 결산 기준이며 원한다면 시점을 달리할 수 있다. 또한 개인의 투자 성향에 따라 'PER 15배 이하'를 'PER 10배 이하'로 조정하는 등 조건을 강화할 수도 있다.

주식 투자 경험이 많은 고수라면 대형 저평가 우량주의 개념을 더 현실적으로, 더 정확하게 정의할 수 있을 것이다. 하지만 일반 투자자 대부분에게 이 대형 저평가 우량주는 그저 '주가가 많이 하락한 친숙한 브랜드의 회사' 정도로 정의된다. 여기서 필요한 것이 바로 과거 실적을 기반으로 한 회사의 성과 데이터이며, 이것을 손쉽게 찾을 수 있는 것이 바로 조건 검색이다. 이는 곧 퀀트 투자의 기초인 계량적 분석이 된다.

나는 도박 경험으로 얻은 베팅 기술과 달리 투자 경험으로 얻은 매매 기술, 즉 세븐 스플릿을 이용해서 투자할 회사를 퀀트의 기본 개념인 계량적 분석, 즉 조건 검색으로 찾아보기로 했다. 이를 위해 우선 회사의 사업 성과와 그에 따른 주가 지표가 각각 어떠한 의미인지 파악했다.

코스피가 좋을까, 코스닥이 좋을까

여름휴가를 떠나 묵을 호텔을 결정할 때는 여러 조건을 고려해야 한다. 무료 아침 식사가 제공되는지, 수영장이 있는지, 무료 와이파이를 사용할 수 있는지, 반려동물 동반이 가능한지, 공항 및 도심과의 거리는 얼마인지 등 수많은 조건을 고려해야 편안하고 즐거운 휴가를 보장받을 수 있다.

내 돈, 더 나아가 내 인생을 책임져줄 주식을 고르는 데 불확실한 느낌이나 출처가 불분명한 추천을 활용하는 것은 무척 위험한 일이다. 잘못된 호텔을 선택하면 며칠간 배우자의 잔소리를 들으며 불편함을 겪는 것이 전부지만, 잘못된 주식에 투자하면 평생의 고통으로 이어질 수도 있다.

호텔을 선택하는 조건은 직관적이고 쉬운 반면 좋은 회사를 선택하는 기준은 용어조차도 이해하기 힘들 정도로 난해하다. 하지만 주식 투자는 운이나 확률이 아니라 끊임없는 연구와 노력으로 해야 한다.

HTS의 조건 검색은 범위 지정, 시세 분석, 기술적 분석, 재무 분석, 순위 분석 등으로 구분된다. 이 조건 중에는 재무 분석처럼 가치투자를 할 때 필수적인 요소도 있지만, 차트를 기본으로 하는 기술적 분석이나 패턴 분석처럼 장기적인 가치투자와 거리가 있는 요소도 있다.

나는 기본적 분석, 즉 회사의 재무적 성과에 대한 데이터만 활용하겠다고 마음먹었기 때문에 애초에 이러한 기술적 분석 데이터는 검색 조건으로 염두에 두지 않았다. 주가 이동평균, 그물망 차트, 이격도, 삼선 전환도, 롱바디, 그레이브스톤 도지 등 무슨 소리인지 알 수 없고 알기도 어려운 데이터는 다행히 내가 철저하게 무시하기로 한 기술적 분석으로 산출된 것들이었다.

나는 투자할 회사를 고르는 조건 중 첫 번째로 '거래소/코스닥 구분'을 살펴보기로 했다. 이는 투자하려는 회사가 거래소에 상장되었는지 코스닥에 상장되었는지를 정하는 항목이다. 더 세분화할 수도 있는데, 코스피200이나 KRX 100 등이 그 예다.

내가 투자하려는 회사가 코스피에 속하는지 코스닥에 속하는지가 중요한 것은 개별 종목이 주가지수의 큰 흐름에 역행하기 힘들다는 과거의 경험 때문이었다. 기술주를 중심으로 한 공격적인 투자를 원한다면 거래소 구분은 큰 의미가 없겠지만, 안전하고 안정적인 투자를 원한다면 코스닥보다는 코스피에 상장된 회사를 투자 대상으로 정하는 것이 조금 더 유리할 것이다.

자본금이
얼마나 됩니까?

친구가 치킨가게를 창업하는데 자금이 부족하다며 투자해

달라고 한다. 이때 제일 먼저 물어보는 것은 아마도 "총비용이 얼마야?"일 것이다. 창업을 하는데 총 얼마가 드는지 알아야 친구가 하려는 치킨가게의 규모를 알 수 있고, 내가 투자를 통해 도울 금액이 어느 정도인지도 가늠할 수 있다.

만약 친구가 총자본금 1억 원으로 창업하는데 나에게 100%인 1억 원을 투자해달라고 한다면 더 이상 이야기를 진행할 필요가 없다. 하지만 총자본금 1억 원이 드는 가게에 1,000만 원을 투자하면 지분의 30%를 주겠다는 제안이라면 고민의 여지가 생길 것이다. 이러한 이유로 자본금의 규모는 상장 초기이거나 규모가 작은 회사의 경우에는 특히나 더 고려 대상에 넣어야 한다.

2023년 11월 현재 국내 상장사 중 자본금이 1조 원 이상인 회사는 신한지주, 현대차, 한국전력, SK하이닉스 등 총 24개다. 여기서 주목할 것은 시가총액 1위에 빛나는 삼성전자가 빠져 있다는 사실이다. 이는 곧 자본금의 규모가 회사의 현재 크기와 비례하는 것은 아님을 보여준다.

자본금이 적더라도 오랜 기간 꾸준한 성장을 통해 큰 회사가 될 수 있고 반대의 경우도 있을 수 있다. 또한 은행업처럼 처음부터 큰 자본금으로 시작해야 하는 사업군도 있고, 아이디어나 기술 혁신을 통해 발전하는 회사는 자본금이 적은 경우도 많기 때문에 자본금의 규모로 가치주를 골라내는 데는 한계가 있다. 다만 실적이 비슷한 두 회사 중 한 곳에만 투자해야 하는 경우라면 자본금의 규모에 따라 투자 안정성을 더욱 높일 수 있다.

주식 투자를 하다 보면 뜻하지 않은 고민의 상황을 맞는 경우가 있는데, 증자와 감자가 그것이다. 증자는 회사가 주식을 추가로 발행해 자본금을 늘리는 행위이고, 감자는 회사가 규모를 축소하거나 합병하고자 할 때 자본금을 줄이는 행위다. 자본금은 회사가 존립할 수 있는 기본이라는 점에서, 이 자본금에 변화가 생긴다는 것은 곧 회사의 가치에도 변화가 생긴다는 것을 의미한다. 따라서 그 의미를 제대로 파악해야 한다.

증자는 새롭게 발행하는 주식을 유상으로 제공하는 유상 증자와 무상으로 제공하는 무상 증자가 있다. 이 중 투자자가 특히 관심을 기울여야 하는 것은 유상 증자다. 회사가 자본금을 늘리는 것은 기업 활동에 필요한 추가 자금을 조달하기 위해서다.

회사가 추가 자금을 마련하는 방법으로는 회사 이름으로 채권을 발행하거나 은행에서 돈을 빌리는 것 외에 주식의 수를 늘려 이를 기존 혹은 새로운 투자자에게 파는 방법이 있는데, 이것이 바로 유상 증자다. 유상 증자는 채권 발행이나 은행 대출과 비교했을 때 원금과 이자 상환의 부담이 없기 때문에 다른 방법보다 선호된다.

회사에 추가 자금이 필요한 경우는 크게 두 가지다. 적자가 계속되어 회사를 운영할 자금이 모자라는 경우, 그리고 더 큰 이익을 도모하기 위해 대규모의 투자가 필요한 경우. 만약 전자라면 투자자는 회사의 가치가 훼손된 것은 아닌지 점검해보아야 하지만, 후자라면 상황에 따라 추가 투자를 고려할 수 있다.

유상 증자는 새로운 주주를 모집하는 방식에 따라 크게 3가지로 분류된다. 기존 주주에게 신주 인수권을 할당하는 '주주배정방식', 회사의 관계자나 거래 업체를 새로운 주주로 배정하는 '제3자배정방식', 대상을 특정하지 않는 '일반공모방식'이 그것이다.

만약 삼성전자에 부품을 공급하는 것이 주력 사업인 어느 회사가 제3자배정방식으로 유상 증자를 했는데 그 대상이 삼성전자라면 회사의 내재가치는 크게 상승할 것이다. 하지만 주주배정방식이나 일반공모방식으로 유상 증자를 하는데 추가 자본금의 용도가 성공하기 힘들어 보이는 사업이라든가 유상 증자에 실패할 가능성이 높은 경우라면 회사의 내재가치에도 문제가 발생할 것이다.

치킨가게로 돌아가 조금 더 쉽게 설명하자면, 친구에게 추가 자본이 필요한 이유가 배달 손님이 너무 많아 오토바이를 늘리는 것인지, 아니면 손님이 너무 없어 떡볶이를 신규 메뉴에 추가하려는 것인지 확인해야 한다.

나는 유상 증자 같은 고민의 상황과 자본 잠식 같은 최악의 상황을 피하고 더 안전하게 투자하기 위해서는 자본금의 규모 역시 일정 수준 이상이 되어야 한다고 생각했고 이 항목을 조건 검색에 추가하기로 했다.

주가가 높으면 큰 회사일까?

롯데칠성의 2023년 11월 현재 주가는 14만 1,600원 선이고 삼성전자의 주가는 6만 7,300원 선이다. 이 데이터를 통해 알 수 있는 두 회사의 가치는 아무것도 없다.

주식 투자를 조금이라도 경험해본 사람은 다 아는 상식이지만 주식 투자를 하지 않는 사람과 초보 주식 투자자는 이 사실을 잘 알지 못하는 경우가 허다하다.

상장주식 수를 알면 주가를 통해 회사 규모를 가늠하고 시가총액을 계산할 수 있다. 시가총액은 상장주식 수와 주가를 곱해서 도출한다. 롯데칠성은 상장주식이 927만 8,884주이고 위에서 언급한 주가로 계산하면 시가총액이 1조 3,139억 원이다. 삼성전자의 상장주식은 59억 6,978만 2,550주이며 시가총액은 401조 7,664억 원이다.

이제야 비로소 두 회사의 규모 차이를 알 수 있다. 시가총액이 높은 회사의 주식이 더 안정적일 수밖에 없기 때문에, 안전한 주식 투자든 공격적인 주식 투자든 시가총액을 검색 조건에 넣는 것은 당연한 일이다.

그렇다면 좋은 주식을 선별하는 조건으로 상장주식 수를 살펴야 하는 이유는 무엇일까? 주가의 등락을 결정하는 데 거래량이 큰 영향을 미치기 때문이다. 사실 장기적인 가치투자에서 주식 자체의 가격 범위와 상장주식 수는 크게 고려할 사항이 아니다. 하지만 단기적인 주가 흐름에서는 매우 중요한 변수로 작용한다.

과거 200만 원을 훌쩍 넘겼던 삼성전자의 주가는 액면분할, 즉 상장주식 수를 늘리는 과정을 거쳐 지금은 6만 원 수준으로 거래된다. 삼성전자에 투자하고 싶어도 할 수 없었던 수많은 소액 투자자에게 주주가 될 기회를 주었다. 이는 거래량 증가를 통해 주가 부양으로 이어질 수도 있다.

반면 시가총액 대비 상장주식이 너무 많을 경우 거래량 증가에는 도움이 되지만 급격한 변동성에 노출될 수 있기 때문에 투자자에게 꼭 유리하다고는 하기 어렵다.

시가총액, 상장주식 수와 연관된 조건에는 액면가도 있다. 액면가는 최초 주식 발행 시 정하는 금액으로 5,000원 정도가 일반적인데 최근에는 1,000원, 500원, 100원 등으로 분할되는 경우도 많다. 위에서 언급한 삼성전자의 사례와 마찬가지로 액면이 분할되는 경우 유통주식 수가 그만큼 늘어나기 때문에 거래량과 변동성이 증가하는 두 가지 효과가 나타날 수 있다.

우리나라에는 2023년 11월 현재 NAVER처럼 주당 가격이 18만 원이 넘는 액면가 100원짜리 주식이 있는가 하면, 미래에셋생명처럼 주가가 액면가보다 낮은 주식도 있다.

액면 분할로 주가가 낮아지면 자금이 부족해 주식을 사지 못했던 개인 투자자가 유입되어 주가가 상승하는 효과가 있다. 하지만 2018년 NAVER가 액면가를 500원에서 100원으로 낮추자 오히려 주가가 하락해 단 하루 만에 시가총액 8,000억 원이 사라진 사례도 있었다.

사실 액면가 자체는 투자를 고려할 때 아무런 의미 없는 숫자에 불과하다. 하지만 액면가를 지나치게 높게 설정해 주가가 높은 회사로 보이게 함으로써 초보 투자자를 현혹할 수 있으니 주의해야 한다.

참고로 액면 분할의 상대적 개념인 액면 병합은 액면가가 낮은 주식을 합쳐 액면가를 높이는 것을 말한다. 액면 병합을 하면 액면 분할과 반대로 유통주식 수가 줄어드는 효과를 얻는다.

액면 분할과 달리 액면 병합의 메리트는 없거나 미미한 수준이며 회사의 근본적인 가치는 변하지 않는다. 액면가 100원인 주식의 현재 주가가 500원일 때 액면 병합을 통해 액면가를 200원으로 조정하면 주가는 1,000원이 되어 '동전주'라는 오명을 벗을 수 있는 정도다. 이렇듯 액면 병합은 주가가 너무 낮아진 회사가 일종의 눈속임으로 활용하는 경우가 있으니 주의를 기울여야 한다.

거래량이 적은 주식의 경우 원하는 시기와 가격에 매도하지 못하는 상황이 발생할 수 있다. 살 사람이 있어야 팔수 있다는 주식 거래의 기본 원칙 때문이다. 따라서 가능하면 거래량과 발행 주식 수가 많은 회사의 주식을 선택하는 것이 유리하다는 사실쯤은 기억해두는 것이 좋다.

증거금률로 알 수 있는
회사의 가치

증거금률은 주식을 매수할 때 사용할 수 있는 대출의 한도액이다. 즉 레버리지를 얼마만큼 일으킬 수 있는지를 비율로 표시한 것이다. 증거금률은 증권사별, 종목별로 다르게 설정되어 있다. 증거금률이 100%라면 주식 매수 시 레버리지를 전혀 사용하지 못한다. 100만 원으로 100만 원어치의 주식만 살 수 있다는 뜻이기 때문이다.

어떤 종목은 증거금률이 20%다. 이는 100만 원만큼의 주식을 살 때 매수 금액의 20%인 현금 20만 원만 있어도 된다는 뜻이다. 현금 100만 원으로는 5배의 레버리지를 일으켜 500만 원만큼의 주식을 살 수 있다.

그렇다면 증거금률이 높은 기업과 낮은 기업 중 어떤 쪽이 더 가치 있는 기업일까? 조건 검색을 통해 먼저 증거금률 20%인 기업들을 살펴보았다. 총 350여 개를 다 나열할 수 없어 시가총액 10조 원 이상인 종목 중 종목명이 영문으로 시작되는 것들을 살펴보니 KB금융, KT&G, LG전자, LG화학, NAVER, SK 정도가 검색되었다. 우리가 알 만한, 브랜드 가치가 있는 큰 회사가 대부분이다.

이번에는 증거금률 100%인 종목, 즉 대출이 불가하고 레버리지를 전혀 사용할 수 없는 종목을 검색해보았다. 총 700여 개 종목이 검색되었으나 비교 대상이 될 수 있는, 시가총액이 10조 원 이상인 회사는 없었다. 시가총액 1조 원 이상인 기업 중에서 찾아보니 금양, 레인보우로보틱스, 신성델타테크 정도가 보였다.

자본주의 사회에서 대출의 담보는 가치가 존재하는 자산에 한정된다. 불과 몇 년 전만 하더라도 아파트를 살 때는 담보 대출이 시세의 70% 정도까지 가능했다. 주식에서 증거금률로 따지면 30% 정도다. 만약 아파트가 가치가 낮은 자산이었다면 은행이 이를 담보로 받아줄 이유가 없을 것이며, 받아준다 하더라도 대출 한도는 매우 낮을 것이다. 대출금 상환이 불가능할 경우 은행은 담보물을 청산해 현금화해야 하기 때문이다.

이 논리를 주식의 증거금률에 적용해보면, 담보물로서 가치가 높은, 즉 증거금률이 낮아 주식 담보 대출을 더 많이 받을 수 있는 종목은 가치가 높고, 증거금률이 높은 종목은 반대라는 결론에 도달한다.

증거금률은 적은 투자 금액으로 많은 주식을 사는 레버리지를 위해 정해놓은 데이터일 것이다. 하지만 나는 레버리지를 사용하는 데 이 증거금률을 이용하지 않는다.

'레버리지를 사용할 수 있다는 것'과 '레버리지를 사용할 수 있는 종목에 투자한다는 것'은 비슷해 보이지만 전혀 다른 일이다. 레버리지 사용은 매우 위험한 일이 될 수 있지만, 높은 레버리지의 기회를 주는 회사의 주식에 투자하는 일은 매우 안전한 일이다. 투자 금액의 5배까지 매수할 수 있다는 사실은 수급 측면에서 투자자에게 매우 유리하다. 나는 조건 검색에 증거금률이 낮아야 한다는 내용을 추가하기로 했다.

이익이라고 해서
다 같은 이익이 아니다

주식 투자는 궁극적으로 회사가 낸 이익을 투자 금액에 따라 배분받는 행위다. 회사가 실제로 이익을 냈든 그러지 못했든 투자자는 주가의 움직임에 따라 투자 수익을 얻을 수 있고 그러지 못할 수도 있지만, 장기적인 투자 관점에서는 회사의 이익에 따라 투자자의 수익이 결정된다.

내가 투자한 돈으로 얼마나 많은 이익을 창출할 수 있느냐가 중요하다는 점에서 볼 때, 회사의 이익이 어떠한 구조로 이루어져 있는지를 이해하고 확인하는 것은 주식 투자에서 매우 중요한 일이다.

회사의 이익을 산정하는 기준은 여러 가지다. 이익의 형태를 여러 가지로 나눈 것은 투자자가 실제 이익을 잘 알아보지 못하게 해서 이익을 나누어주지 않기 위해서가 절대 아니다. 오히려 회사의 이익이 제대로 된 방향과 방법으로 만들어진 것인지 정보를 제공하기 위해서다. 아무리 좋은 자료라 할지라도 보지 않거나 보아도 알지 못하면 아무런 의미가 없을 것이다.

닭고기를 가공해 치킨회사에 공급하는 회사가 있다고 가정해보자. "이 회사의 지난해 이익은 10억 원이야"라고 했을 때 이것이 닭고기를 판매해서 얻은 이익인지, 아니면 사업 악화로 인해 공장부지 일부를 매각해서 얻은 이익인지 알 수가 없을 것이다.

이익의 종류를 살펴보면 다음과 같다.

- 매출 총이익: 매출, 즉 사업을 통해 얻은 이익을 가리킨다. 이 이익은 이해가 그리 어렵지 않다. 1년간 닭고기를 팔아서 생긴 매출액이 20억 원이고, 닭 매입과 닭고기 가공에 들어간 원가가

10억 원이라면 매출 총이익은 10억 원이 된다.

매출 총이익 = 매출액 − 매출 원가

- 영업이익: 매출 총이익에서 판매비와 관리비를 제한 값인데, 이를 통해 회사가 사업을 통해 얻은 이익이 얼마인지 가늠할 수 있다.

영업이익 = 매출 총이익 − 판매비 및 관리비

- 경상이익: 회사는 주된 사업을 통한 수익 외에도 예금 이자, 투자 수익, 외환 차익 등의 이익을 얻을 수 있으며, 반대로 대출 이자, 투자 손실, 외환 차손 등의 손실을 입을 수도 있다. 경상이익은 영업이익에서 주된 사업 외의 활동으로 얻은 수익과 손실을 합산한 것이다.

경상이익 = 영업이익 + 영업 외 수익 − 영업 외 비용

- 순이익: 경상이익에서 비경상적이고 비반복적으로 일어나는, 즉 발생 빈도가 낮은 수익과 손실을 의미하는 특별 이익과 특별 손실, 법인세 같은 세금을 처리한 것이다. 일반적으로 순이익은 영업이익의 70~80% 수준이다.

순이익 = 경상이익 + 특별 이익 − 특별 손실 − 세금

이제 이 데이터를 어떻게 가치 평가의 척도로 활용할지 결정해야 한다. 회사의 가치와 주가의 관계를 가장 잘 보여

주는 지표인 PER은 순이익에 기초한다. 따라서 PER과 순이익의 증감률 데이터를 함께 본다면 현 주가의 적정성과 앞으로의 성장 가능성을 동시에 명확하게 확인할 수 있다.

그리고 순이익 증감률만으로는 주력 사업의 성과를 판별하는 데 한계가 있기 때문에 영업이익 증감률 같은 데이터를 통해 회사가 올바른 방향으로 성장하고 있는지 확인해야 한다.

내가 투자한 돈으로
벌 수 있는 돈의 크기

PER(주가이익배수)

1억 원으로 치킨가게를 창업하면 과연 얼마나 운영해야 투자 금액 전부를 회수할 수 있을까? 식당 하나를 차리더라도 생각해야 하는 이 간단한 계산을 대부분의 주식 투자자는 외면한다. 가장 큰 이유는 어려운 주식 용어에 있다.

주식 가치 평가 항목에 빠지지 않고 또 빠져서도 안 되는 PER(price to earnings ratio, 주가이익배수)은 초보 주식 투자자에게 아무런 쓸모가 없는 숫자다. 매우 우습게도 이것이 무엇인지 모르기 때문이다.

PER은 주가를 주당 순이익earnings per share, EPS으로 나눈 비율, 즉 주가와 1주당 순이익을 비교한 수치다. 시가총액을 당기 순이익으로 나누어 계산하기도 한다.

1억 원짜리 치킨가게를 1년 동안 열심히 운영했더니 총 2,000만 원의 순이익이 발생했다면, 5년 동안 사업을 지속해야 처음에 투자한 1억 원을 회수할 수 있다는 계산이 나온다. 이를 주가 지표로 'PER이 5배'라고 표현할 수 있다.

시가총액 100억 원인 회사가 1년 동안 20억 원의 순이익을 기록했다면 5년 후 시가총액만큼의 투자 금액을 회수할 수 있고 PER은 5배가 된다. 만약 이 회사가 주가 하락으로 시가총액이 60억 원으로 줄었는데 20억 원의 순이익이 그대로 유지된다면 PER은 3배로 낮아진다.

여기서 눈여겨볼 것은 시가총액이 달라졌지만 순이익은 유지되었다는 사실이다. 시가총액이 낮아진 것은 주가가 하락한 것일 뿐, 회사의 가치 척도라 할 수 있는 순이익에는 영향을 끼치지 않았다는 것이며, 이는 곧 주가의 하락과 회사의 가치는 비례하지 않는다는 것을 보여준다.

결국 회사의 PER이 5배였다가 3배가 된 것은 회사의 가치에는 변함이 없으나 주가가 싸졌다는 것을 의미한다.

여기서 한 가지 의문점이 생긴다. 주가가 회사의 실제 가치와 관계가 없다면, 주가가 높다고 해서 회사의 가치가 고평가되었다고 할 수 없고, 마찬가지로 주가가 낮다고 해서 회사의 가치가 저평가되었다고 할 수도 없는 것 아닐까?

즉 순이익이 그대로라는 전제하에 미래 가치에 대한 기대가 높으면 주가가 상승해 PER도 높아질 것이고, 미래 가치에 대한 실망으로 주가가 하락하면 PER 역시 낮아질 것이기에, PER은 회사의 내재가치를 보여주는 절대적인 지표가 될 수 없다는 의미다.

이러한 이유로 바이오주나 게임주처럼 향후 큰 이익과 성장이 예상되어 인기가 있는 주식은 PER이 높고, 제조사나 은행처럼 안정적이고 변동성이 낮은 사업 흐름을 보이는 주식은 PER이 낮을 수밖에 없다. 그래서 어떤 주식 투자자는 PER이 높다 하더라도 현 주가에 비해 미래 가치가 더 크다고 생각하면 투자를 두려워하지 않는다.

따라서 PER은 특정 종목의 기간별 PER 변화를 관찰하거나 동일 업종에 있는 타 회사의 PER과 비교하면서 분석하는 것이 바람직하다.

예를 들어 유망하다고 판단한 종목의 PER이 20배라고 가정해보자. 고평가된 상태라고 생각해 매수하지 않고 관심 종목으로만 넣어둔 상태에서 어느 날 큰 주가 하락이나 순이익 증가로 PER이 10배가 된다면 저평가 상태로 진입했다는 것을 알 수 있다.

또한 동일한 사업을 영위하는 회사들의 PER이 대부분 20배인데 어느 회사의 PER이 10배라면 충분히 관심을 가질 만할 것이다.

더 나아가 동일 업종 대비 PER이 낮은 이유도 확인해보아야 한다. 오너 리스크, 분식회계, 회사의 가치를 심각하게 훼손할 만한 사고 등으로 주가가 하락해 PER이 낮아진 경우라면 향후 순이익을 감소시킬 수 있기 때문에, 최근 결산일의 순이익을 근거로 산출된 PER은 신뢰할 수 없는 주가 지표가 된다.

나는 PER에 대한 개념을 정리한 후 조건 검색에 어떻게 적용해야 할지 고민했다. 하지만 아쉽게도 PER의 변동성이나 업종 평균 대비 낮은 PER을 검색하는 조건식은 존재하지 않았다. 나는 위험하지만 가능성 있는 회사보다 안전하고 안정적인 회사에 투자하는 것을 더 중요한 가치로 생각했기에 저PER 회사만을 투자 대상에 넣기로 했다.

회사가 망해도
건질 수 있는 투자금

PBR(주가순자산배수)

어느 날 친구가 자신이 10년째 운영하고 있는 치킨가게에 나를 초대했다. 그는 10년간 열심히 노력한 끝에, 임차해 쓰던 점포를 12억 원에 매입하게 되었다고 했다. 2억 원의 은행 대출을 생각하면 그 치킨가게의 순자산은 10억 원이라 할 수 있다.

부러워하는 내게 친구는 한 가지 제안을 했다. 노후한 튀김 기계를 새것으로 교체하고 리모델링도 해야 하기에 1억원 정도가 필요한데, 그 1억 원을 투자해준다면 치킨가게 지분의 50%를 주겠다는 것이었다. 만약 당신이라면 이 제안을 수락할까?

당신은 생각할 것이다. '이 치킨가게는 10억 원의 순자산을 보유하고 있다. 1억 원으로 50% 지분을 확보한다면 지금 당장 폐업할 경우 자산을 처분해 5억 원을 받게 되니 결과적으로 4억 원을 투자 수익으로 얻는 것 아닌가.' 이러한 투자 기회는 다시 오지 않을 만큼 매력적으로 보인다.

이 예는 현실에서 일어나지 않을 일처럼 보인다. 하지만 주식시장에서는 이처럼 회사의 지분을 아주 낮은 가격에 획득할 수 있는 기회가 곳곳에 널려 있다. PBR(price to book value ratio, 주가순자산배수) 1배 이하의 주식이 모두 여기에 속한다.

PBR은 주가를 주당 순자산가치^{book value per share, BPS}로 나눈 비율, 즉 주가와 1주당 순자산을 비교한 수치다. 시가총액을 순자산으로 나누어 계산하기도 한다.

더 쉬운 이해를 위해 치킨가게로 돌아가 설명하자면, 치킨가게의 순자산은 10억 원인데 BPS는 2억 원이므로(편의상 단 1개의 주식으로 이루어진 회사라고 가정한다) PBR은 0.2배다.

이마트의 2023년 11월 기준 PBR이 0.18배이니 치킨가게의 상황과 비슷하다. 이마트의 순자산은 13조 5,000억 원 정도인데 시가총액은 2조 154억 원 정도다. 치킨가게에 투자하지 않을 이유가 없다고 생각했다면 이마트의 주식을 사지 않을 이유도 만들어내야 할 것이다.

물론 이 PBR은 주식 가치의 절대적인 척도가 될 수 없다. PBR만 믿고 1억 원을 투자해 치킨가게의 지분 50%를 얻었는데 다음 날 점포가 불타 사라져버릴 수도 있고, 손님이 식중독으로 사망하는 사고로 배상금 10억 원을 지급할 일이 생길 수도 있으며, 갑작스러운 금융위기로 장사가 잘 되지 않아 청산할 자산도 없이 망할 수도 있기 때문이다. 주변 상권이 쇠퇴해 점포의 가격이 반토막 날 수도 있다.

이마트 역시 PBR은 낮지만 실적이 계속 악화된다든지 정부의 관련 정책이 사업에 불리하게 바뀐다든지 하는 이유로 수익이 감소할 수 있으며, 이러한 상황이 지속된다면 결국 자산까지도 감소하는 상황이 발생할 것이다.

PBR 계산의 근거가 되는 자산 규모 측정 역시 객관성이 떨어질 수 있다. 예를 들어 제조회사가 많이 보유하고 있는 기계 장치는 회사의 파산으로 청산할 경우 자산으로 설정된 금액을 받을 수 있다는 보장이 전혀 없다. 회사가 보유한 부동산의 가치 역시 감정가일 뿐, 매수하려는 사람이 없다면 산정된 가치보다 낮게 청산될 수밖에 없을 것이다.

가치를 객관적으로 평가하기 힘든 소프트웨어, 지적 재산권, 저작권 등 무형의 자산을 많이 보유한 회사의 PBR 역시 신뢰할 만한 데이터라 할 수 없을 것이다. 이러한 이유로 PBR 역시 PER과 마찬가지로 절대적인 수치만 가지고 기업 평가의 지표로 삼아서는 안 된다.

PBR 데이터는 무시할 수도, 신뢰할 수도 없는 지표이기에 이를 가치 평가에 어떻게 적용해야 할지 무척 고민스러웠다. 이러한 이유로 PBR 데이터를 가치 평가 항목에서 아예 배제하는 투자자도 많다.

하지만 나는 투자 대가들의 조언에 귀를 기울이기로 했다. 퀀트의 마법공식에 '저PBR'이 포함되어 있다는 것을 상기한 것이다.

매출이 큰 회사와
매출이 증가하는 회사
PSR(주가매출액배수)

'1,000만 원으로 1,000만 원의 수익을 얻는 것'과 '1억 원으로 1,000만 원의 수익을 얻는 것' 중 어느 쪽이 더 가치 있을까? 물어보나 마나 한 질문이다. 수익률이라는 관점에서 적은 자본으로 큰 이익을 얻는 것이 더 가치 있다는 것쯤은 누구나 알고 있다. 하지만 질문을 조금 다르게 해보면 대답하기 어려워진다.

'1,000만 원으로 2,000만 원의 수익을 얻는 것'과 '1억 원으로 1억 원의 수익을 얻는 것' 중 어느 쪽이 더 가치 있을까? 전자는 200% 수익률이지만 후자는 100% 수익률이다. 수익률로만 본다면 전자가 더 가치 있겠지만 매출과 수익의 규모는 후자가 훨씬 더 크다.

적은 돈으로 200% 수익률을 얻었으니 리스크가 상대적으로 적은 전자가 더 가치 있다고 생각하는 사람도 있을 것이고, 수익률은 낮지만 더 많이 버는 후자가 더 가치 있다고 생각하는 사람도 있을 것이다.

PER이 1개의 주식으로 얻을 수 있는 순이익의 크기를 가리킨다면, PSR(price to sales ratio, 주가매출액배수)은 1개의 주식으로 얻을 수 있는 매출의 크기를 가리킨다.

물론 매출의 크기 자체만으로는 그 회사의 가치를 알 수 없다. 100억 원의 매출을 일으켰지만 이익은커녕 적자를 기록하는 회사가 있는가 하면, 10억 원의 매출을 일으켰지만 5억 원의 이익을 만들어내는 회사도 있기 때문이다.

이러한 이유로 PSR은 회사의 가치를 측정하는 지표로 그리 유용하지 않다. 하지만 1만 원으로 1,000원의 매출을 만들어내는 기업과, 같은 1만 원으로 1만 원의 매출을 만들어내는 회사의 잠재 가치는 분명 다르다.

또한 PSR의 변화 추이는 유용한 지표다. 예를 들어 어느 회사의 PSR이 주가 변동 없이 10배였다가 1배가 되었다면 큰 매출 신장의 성과가 있었다고 판단할 수 있을 것이다.

PER과 마찬가지로 동일 업종의 PSR이 10배인데 어느 회사의 PSR이 5배라면 충분히 눈여겨볼 만하다. 수요와 공급의 법칙에 따라 움직이는 회사의 생산 활동에서 매출이 크면 규모의 경제를 이룰 수 있기에 원가 절감과 대규모 마케팅 등을 통해 경쟁력 확대에 따른 수익 증가로 연결될 수 있다.

회사의 중요한 성적 중 하나인 매출은 분명 가치를 평가하는 데 중요한 요소다. 하지만 사업의 특성을 배제한 주가와 매출의 단순 상관관계는 크지 않기에 나는 PSR과 함께 매출 증감률 조건도 검색에 추가하기로 했다.

직전 결산 대비 혹은 전년이나 동기 대비 매출 증가는 규모와 관계없이 회사의 성장에 호재로 작용할 만하다. 반대로 매출이 줄었다면 위험 신호로 받아들여야 한다.

주머니에 들어와야
온전한 내 돈이다

PCR(주가현금흐름배수)

"내가 웃는 게 웃는 게 아니야." 웃고는 있지만 사실은 울고 싶은 심정일 때 하는 이 말은 회사의 활동에서도 심심치 않게 나온다. 분명히 좋은 영업이익 성과를 냈지만 실제로는 현금이 회사의 통장에 입금되지 않은 경우가 그렇다. 분명히 돈을 벌었는데도 실제로 돈이 없는 상황이 연출된 것이다.

1년 동안 똑같이 1,000만 원의 이익을 만들어낸 A 치킨가게와 B 치킨가게가 있다. A 치킨가게는 고객에게 현금만 받았으나 B 치킨가게는 장사가 잘 되지 않아 외상도 받았고 이 때문에 통장에 들어온 현금은 500만 원에 불과하다. 즉 장부상의 영업이익은 1,000만 원이지만 실제 현금은 500만 원에 불과한 것이다.

외상 대금을 모두 회수한다면 전혀 문제가 되지 않겠지만 현실적으로 100% 회수는 힘들 것이다. 따라서 회사의 영업 활동을 평가할 때 입금과 출금의 차액을 얼마나 보유하고 있는지 살펴보는 것은 매우 중요하다.

'현금흐름cash flow'은 현금 유입과 유출의 차이인 '순현금흐름'을 말하며 크게 영업 활동, 투자 활동, 재무 활동에 따른 것으로 구성된다. 현금흐름은 회사의 부도 가능성을 예측하는 데 중요한 수치인지라 투자 판단에 앞서 꼭 살펴보아야 하는 지표다.

현금흐름을 수치적으로 살펴볼 수 있는 CPS(cash flow per

share, 주당 현금흐름)는 현금흐름을 총 주식 수로 나눈 값이다. A 치킨가게와 B 치킨가게 모두 1,000개의 주식으로 이루어져 있다고 가정한다면 A 치킨가게의 CPS는 1만이고, B 치킨가게의 CPS는 5,000이다.

CPS 자체만으로는 아무런 정보를 얻을 수 없지만 주가를 CPS로 나누면 주가가 저평가되었는지 고평가되었는지를 파악할 수 있다. 만약 A 치킨가게와 B 치킨가게의 주가가 주당 10만 원으로 같다면 A 치킨가게의 PCR(price to cash flow ratio, 주가현금흐름배수)은 10배이고 B 치킨가게의 PCR은 20배다. PCR이 낮을수록 저평가되었음을 알 수 있다.

2017년 삼성전자의 PCR은 6.12배이고 LG전자의 PCR은 5.49배였다. 큰 차이는 없으나 PCR 지표로만 봐서는 LG전자의 주가가 더 저평가되었다고 할 수 있다. 하지만 같은 시기 삼성전자의 PER은 9.4배이고 LG전자의 PER은 11.11배였다. 현금흐름을 기준으로 살펴보면 LG전자가 더 사업을 잘했다고 볼 수 있고, 순이익을 기준으로 살펴보면 삼성전자의 성과가 더 좋았다고 볼 수 있다.

이러한 이유로 PCR 지표 역시 단독으로 사용하게 되면 회사의 가치 판단에 오류를 범할 수 있다. 앞에서 살펴본 주가와 이익[PER], 주가와 순자산[PBR], 주가와 매출[PSR]을 비롯해 주가와 현금흐름PCR의 상관관계까지 모두 유기적으로 조합해 판단해야 한다.

주식에 투자했다는 후배에게 내가 물었다. "그 종목 PER이 얼마 정도야?" 후배는 PER 같은 것은 잘 모르겠지만 믿을 만한 친구에게 추천받은 고급 정보이니 아무런 문제가 없을 거라고 답했다.

후배의 대답은 아파트를 샀는데 위치가 어디인지, 면적이 얼마인지, 몇 층인지, 방은 몇 개이고 화장실은 몇 개인지, 수도와 전기는 잘 공급되는지, 보일러는 개별난방인지 중앙난방인지, 베란다는 남향인지 북향인지, 주변에 지하철은 가까운지 등 집을 살 때 확인해야 하는 아주 기본적인 것조차 모르는 것과 마찬가지였다.

만약 지금 주식 투자를 하고 있는데 그 종목의 PER, PBR, PCR, PSR, ROE, ROA, 배당 성향, 최근 결산일의 매출 및 영업이익, 부채 비율 등 아주 기본적인 사항도 확인해보지 않았거나 심지어 그 용어가 무엇을 의미하는지조차 모르고 있다면, 그것은 주식에 투자한 것이 아니라 주식으로 도박을 하고 있는 것이다.

저평가된 회사와
고평가되어야 하는 회사

PEG(주가 순이익 증가 비율)

A 치킨가게는 올해 주당 2,000원의 순이익을 냈고 B 치킨
가게는 주당 500원의 순이익을 냈다. 두 치킨가게의 현재
주가가 1만 원으로 동일하다고 가정했을 때 A 치킨가게의
PER은 5배이고 B 치킨가게의 PER은 20배다.

PER의 개념을 이해하고 있다면, 그리고 두 치킨가게 중
하나에 투자하기로 했다면 당연히 A 치킨가게를 선택하는
것이 유리하다. 그런데 B 치킨가게는 바로 앞에서 경쟁하
던 C 치킨가게가 영업을 종료하면서 앞으로 장사가 더 잘
될 거라고 전망되는 상황이라면 어떨까?

A 치킨가게는 앞으로 10% 정도의 순이익 성장이 예상
되어 주당 순이익이 1년 후 2,100원, 2년 후 2,300원, 3년
후 2,500원 정도 된다고 가정해보자. 그리고 B 치킨가게
는 100%의 순이익 성장이 예상되어 주당 순이익이 1년 후
1,000원, 2년 후 2,000원, 3년 후 4,000원이 된다고 가정해
보자.

3년 후 A 치킨가게의 PER은 3년 전과 비슷한 4배일 테

고 B 치킨가게의 PER은 2.5배가 되어 상황은 크게 역전될 것이다.

　PER은 주가와 순이익 창출 능력을 살펴보는 데 유용하지만 회사의 성장 가능성을 알려주는 데는 한계를 지닌다. 따라서 PER에 성장성의 개념을 포함한 지표로서 PEG(price earnings to growth ratio, 주가 순이익 증가 비율)를 함께 살펴보면 회사의 성장 가능성을 평가하는 데 도움이 된다.

　참고로 PEG는 PER, PBR, PSR, PCR처럼 약자의 끝 알파벳이 'Ratio(비율)'의 'R'이 아니라 'Growth(성장)'의 'G'다. 잘 살펴보면 'PEGR'이라 하는 것이 타당하다. 주가 지표가 대부분 비슷비슷해 보이는 약자로 이루어지다 보니, 그 중요성에도 불구하고 초보 주식 투자자에게는 생소하고 어렵게 느껴진다. PEG 역시 PER과 관련된 지표임에도 불구하고 헷갈리는 경우가 많은데, PEG를 PEGR이라 기억한다면 도움이 될 것이다.

　PEG는 PER을 향후 3년 혹은 5년간의 예상 순이익 증가율로 나누어 계산한다. 즉 A 치킨가게의 PEG는 PER 5배를 순이익 증가율 10%로 나눈 값인 0.5가 된다. 그리고 B 치킨가게의 PEG는 PER 20배를 순이익 증가율 100%로 나눈 값인 0.2가 된다. 두 치킨가게의 현재 주가를 평가해보면 PER 기준으로 A 치킨가게가 더 저평가되어 있다고 보이지만, PEG 기준으로는 B 치킨가게가 더 저평가되어 있음을 알게 될 것이다.

PEG는 피터 린치가 기업 가치를 평가할 때 사용한 지표로 잘 알려져 있는데, 그는 PEG가 1이면 적정하고 0.5 이하이면 저평가된 것으로 판단했다.

앞에서 살펴본 바와 같이 PER은 낮을수록 저평가되어 있다고 볼 수 있지만 B 치킨가게처럼 성장성 있는 회사를 제대로 평가하지 못하는 한계를 지니기 때문에 PEG를 함께 살펴보는 것이 매우 중요하다.

참고로 PEG는 앞으로의 예상 순이익 증가율을 통해 산출하는 것이 타당하다. 그러나 말 그대로 '예상'이 객관적이고 정확하지 않을 가능성이 높기 때문에 과거의 순이익 증가율을 통해 산출하기도 한다.

PEG와 PER은 낮을수록 저평가되었다고 할 수 있으나, 마이너스인 경우는 성장률 감소나 순이익 적자를 의미하기 때문에 저평가와는 거리가 먼 상태라는 것을 염두에 두어야 한다.

주식 투자는 기본적으로 자산 증식을 위한 것이다. 저평가된 회사의 주식을 매수했는데 그 회사의 성장이 정체되어 저평가 상태가 지속된다면 주가 상승을 통한 수익을 기대하기 힘들어질 것이다. 하지만 고평가되어야 할, 즉 앞으로 더 성장할 가능성이 있는 회사라면 향후 주가 상승으로 좋은 결과를 만들어낼 수 있을 것이다.

나는 종목 검색에 PEG도 추가하기로 했다.

하지만 만능 잣대처럼 보이는 PEG도 치명적인 약점을 가지고 있다. 바로 '주당 순이익 증가 비율'을 제대로 예상해 반영하기가 거의 불가능하다는 것이다. 또한 지난 5년간 평균 50%의 주당 순이익 증가율을 보인 회사라 할지라도 외부 환경에 따라 성장이 멈출 수 있으며 이는 곧 주가 하락으로 이어지게 된다.

PEG는 미국에서 첨단 기술주의 주가가 기업 가치 이상으로 폭등하면서 각광받았던 주가 지표다. 하지만 신기술과 관련해서 급성장한 회사에 PEG 데이터를 적용하면, 성장이 갑작스럽게 정체될 때 오히려 잘못된 지표로 작용할 수 있다.

이 이유로 나는 오히려 산업이 성숙기에 도달해 성장이 정체된 전통 산업에 속한 회사의 PEG를 참고해서 안전성을 높이기로 했다. 전통 산업에 속한 회사는 신기술업종에 속한 회사보다 성장률 왜곡이 덜할 것이기 때문이다.

그 회사의 이익은
과연 적당한 것인가?

ROE(자기자본이익률)

순이익이 1,000만 원인 A 치킨가게와 2,000만 원인 B 치킨
가게 중 어느 가게가 장사를 더 잘한 것일까? 순이익의 규
모가 크면 클수록 당연히 장사를 더 잘한 것이라는 단편적
인 판단은 투자자에게 도움이 되지 않는다.

반면 A 치킨가게는 1,000만 원의 순이익을 위해 1억 원
의 자본을 동원했고, B 치킨가게는 2,000만 원의 순이익을
위해 5억 원의 자본을 동원했다는 정보는 투자자에게 매
우 유용하다.

앞에서도 이미 살펴본 바와 같이 회사의 이익은 주가와
밀접한 관계를 맺는다. 매출 총이익, 영업이익, 경상이익,
순이익 등 이익의 개념을 이해했다면 이제 그 이익이 과연
회사의 이익 창출 능력과 어떤 관계가 있는지도 살펴보아
야 한다.

이익 창출 능력이 크면 클수록 당연히 회사의 미래 가치
가 성장할 가능성은 높아진다. 주가 역시 상승할 것이기 때
문이다. 회사의 이익과 관련된 주요 지표인 ROE(return on

equity, 자기자본이익률)는 회사에 투입한 자본을 사용해 어느 정도의 이익을 만들어냈는지, 즉 회사의 이익 창출 능력이 어떤지를 일컫는다.

ROE는 회사의 당기 순이익을 자기자본으로 나눈 수치인데, ROE가 10%라면 연초에 1억 원을 투자해 장사한 A 치킨가게가 연말에 1,000만 원의 이익을 얻었다는 의미다.

그런데 같은 당기 순이익을 올린 C 치킨가게의 ROE가 5%라고 해서 가치가 더 낮다고 단정할 수는 없다. C 치킨가게가 손님이 더 많아질 것이라고 예상하고 시설을 확장하는 데 1억 원을 더 투입했을 수도 있기 때문이다. 그렇다면 향후 더 큰 이익을 만들어낼 가능성은 A 치킨가게보다 높을 수 있다.

이는 특정 시기의 ROE만 참고해서는 안 된다는 것을 보여주는 사례다. 회사의 ROE가 연간이든 분기든 어느 시점에 갑자기 높아지거나 낮아졌다면 이유를 파악해보아야 한다. ROE의 급격한 하락이 R&D 투자 등을 위한 자본 확충 때문인지, 아니면 매출과 영업이익 등의 급락 때문인지를 살펴보아야 한다.

마찬가지로 ROE의 갑작스러운 상승 역시 매출 부진으로 인한 공장부지 매각 등에 의한 것일 수 있으니 주의해야 한다.

투자자의 입장에서 ROE는 일반적으로 시중 금리보다 높아야 의미가 있다. 회사가 투자받은 돈으로 위험성이 전혀 없는 은행 금리보다 낮은 이익을 낸다는 것은 이익 창출 능력에 문제가 있다는 의미이기 때문이다.

나는 ROE의 급락이나 급상승과 관계없이 연간 결산 기준 3년 이상, 혹은 분기 결산 기준 3분기 이상 ROE가 일정 수준 이상으로 유지되는 회사에만 투자하는 것이 안전하겠다고 생각했다.

조건 검색에서 ROE는 최근 결산 기준, 최근 분기 기준(연 환산 기준), 최근 3년 평균 등 세 가지 형태로 구성되어 있다. 하지만 아쉽게도 이 기준만으로는 특정한 결산 시점에 어떠한 이유로 갑자기 ROE가 높아졌는지 파악할 수 없기에 별도로 확인하는 노력을 병행해야 했다.

참고로 버핏은 ROE가 15% 이상인 회사를 좋은 회사라고 평가했다고 한다. 투자하기 좋은 회사를 발굴하기 위한 조건 검색에 ROE를 꼭 포함해야 하는 이유는 너무나도 명확하다.

회사도
레버리지를 사용한다

ROA(총자산 순이익률)

앞에서 살펴본 ROE와 비슷한 ROA(return on assets, 총자산 순이익률)는 회사의 총자산에서 당기 순이익이 얼마나 발생했는지를 가늠하는 지표다. ROE가 자기자본을 기준으로 당기 순이익을 평가하는 것과 차이가 있다.

ROA와 ROE의 차이를 이해하기 위해서는 그 기준이 되는 총자산과 자기자본의 개념을 먼저 알아야 한다.

총자산은 자기자본에 타인 자본인 부채를 합한 것으로 총자본과 같다. 따라서 총자산 이익률을 총자본 순이익률이라고도 한다. 자기자본은 회사의 총자산에서 타인 자본인 부채를 뺀 나머지를 말한다.

이를 종합하면 ROA는 주주의 돈과 은행 등에서 빌린 돈을 모두 이용해서 얼마의 이익을 창출했는지를 보여주는 수치이고, ROE는 은행 등에서 빌린 부채를 제외하고 주주의 돈만으로 얼마 정도의 이익을 창출했는지를 보여주는 수치다.

A 치킨가게는 은행에서 대출을 하나도 받지 않고 순수

하게 자기자본 1억 원만 투입해 1,000만 원의 수익을 얻었다고 가정해보자. 이 치킨가게의 ROA와 ROE는 10%로 같다. 이와 달리 B 치킨가게는 자기자본 5,000만 원과 은행에서 빌린 5,000만 원을 가지고 1,000만 원의 수익을 얻었다고 가정하면, B 치킨가게의 ROA는 10%이고 ROE는 20%가 된다.

회사의 ROA와 ROE가 크게 다르다면 부채가 과도한지 점검할 필요성이 있다. 부채는 곧 레버리지라는 관점에서 볼 때, ROA와 ROE가 모두 높은 상황이라면 회사가 레버리지를 건전하고 적정하게 사용하고 있다고 판단할 수 있다. 하지만 시중 금리 이하의 ROE 혹은 적자를 기록하고 있는데 ROA와 ROE의 차이가 크다면 결코 안전한 회사라고 볼 수 없다.

ROE와 ROA 지표를 통해 회사의 가치를 평가하기 위해서는 지표의 기준이 되는 자산과 부채, 자본의 증감까지 함께 파악하는 것이 좋다.

좋은 회사인데
주가가 떨어져봤자지

52주 최저가 대비율

내가 종목을 선정할 때 가장 중요하게 생각하는 기준은 재무적 성과에 따른 주가 지표다. 과거에 좋은 성과를 보였던 회사는 앞으로도 계속해서 좋은 이익을 안겨줄 가능성이 높다는 믿음 때문이다.

이런 방법으로 종목을 선정하면 잃지 않는 안전한 주식 투자가 가능해지지만 '급등' '불기둥' '대박 수익률' 같은 행운과는 거리가 멀어진다. 하지만 달러 투자에서 1% 이내의 작은 수익들을 모아서 연간 100%가 넘는 큰 수익률을 만들어냈던 것처럼 안전제일 전략으로도 큰 수익을 기대할 수 있다.

안전한 주식 투자의 핵심 포인트는 잃지 않는 것에 있다. 따라서 하방 경직성이 강한 종목에 투자하는 것이 매우 중요하다. 당연한 이야기지만 아무리 좋은 주식이라 할지라도 주가가 높을 때 매수한다면 잃는 투자가 될 수밖에 없기 때문이다.

이러한 까닭에 주가 차트를 투자에 거의 참고하지 않는

나조차도 최소 1년간, 그러니까 52주간의 주가 데이터는 꼭 확인해본다. 가치 있는 좋은 주식은 장기 투자를 통해 주가와 기업 가치가 일치하는 순간 수익을 낼 수 있다는 믿음에는 변함이 없지만, 단기 관점의 손실 구간에서는 제아무리 강철 멘털을 가진 투자자라도 흔들릴 수밖에 없기 때문이다.

조건 검색의 가격 조건식 중 하나인 '52주 최저가 대비율'은 주가의 하방 경직성을 확인하는 데 매우 효과적이다. 이 투자 아이디어는 공장 화재나 금융위기 같은 큰 사건이 발생하지 않는 한 우량한 재무 성과를 가진 회사의 주가가 52주 최저가를 이탈할 가능성은 매우 낮을 것이라는 생각에 기인한다.

만약 52주 최저가 대비율이 30%라면 이 수치는 곧 주가의 하방 범위를 의미한다고 볼 수 있다. 현재가 1만 원의 주식이 7,000원 아래로 하락할 가능성이 매우 낮다고 보는 것이다. 손실 가능성 역시 30% 이내로 보고 추가 분할 매수 등의 전략을 펼칠 수 있다.

이 52주 최저가 대비율 데이터를 사용하면 주가 차트를 눈으로만 확인함으로 인해 발생하는 착시 현상을 줄일 수도 있다.

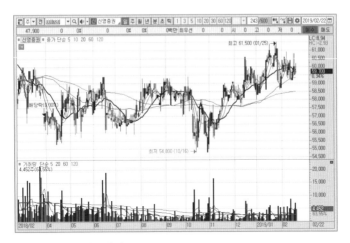

신영증권 52주 일간 주가 차트

서한 52주 일간 주가 차트

세븐 스플릿

신영증권과 서한의 52주 일간 주가 차트를 비교해보면 착시 현상이 어떻게 작용하는지 알 수 있다. 두 회사 모두 내가 조건 검색으로 찾아낸 우수 종목인데, 하방 경직성이 확보되었는지, 즉 지금 가격에 매수해도 되는지를 살펴보기 위해 차트를 열어보았다.

대략적인 차트의 모양만 보면 신영증권은 후반부에 연속적인 상승세를 탄 모양새라 최저가 대비 현재가가 비교적 높게 형성되어 있다. 이와는 다르게 서한의 주가 차트는 계속 하락하다가 반등한 후 소폭 하락한 상태이며 최저가 대비 현재가의 차이도 그리 커 보이지 않는다. 만약 차트상의 가격 메리트만 보고 '느낌적인 느낌'으로 두 회사 중 하나를 매수한다면 나는 분명 서한을 선택했을 것이다.

하지만 두 회사의 52주 최저가 대비율을 보면 생각이 조금 달라질 것이다. 신영증권의 52주 최저가 대비율은 8.94%이고 서한의 52주 최저가 대비율은 무려 27.88%다. 신영증권은 단 10%만 주가가 하락해도 52주 신저가를 경신하게 되지만 서한은 30%의 주가 하락까지 염두에 두어야 한다. 즉 서한의 하방 경직성은 신영증권의 하방 경직성과 비교했을 때 그리 낮지 않다.

더 쉽게 표현하자면, 신영증권은 주가가 떨어져보았자

10% 수준일 가능성이 높고, 서한은 주가가 떨어지면 30%의 하락도 가능하다.

물론 좋은 회사의 주가가 현재 더 오른 것이라 볼 수 있고 '1층 밑에 지하실이 있다'는 주식 격언 역시 틀리지 않지만 "무엇이든 그것의 가치보다 싸게 사면 돈을 잃지 않는다"라는 버핏의 말을 떠올릴 필요가 있다.

그런데 이 전략을 재무적으로 불안정한 회사, 이른바 '잡주'에 사용하다가는 큰 위험을 겪을 수 있다. 위험한 회사의 주식은 떨어지는 칼날 같아서 52주 최저가 따위는 아랑곳하지 않고 끝없이 추락할 가능성이 높고, 심지어 상장폐지 같은 극단적인 상황을 만나게 될 수도 있기 때문이다.

주가의 하방 경직성은 PER이나 PBR로 평가할 수 있지만 '그저 최근에 가장 낮았던 가격과 큰 차이가 없는 주가 수준'으로도 평가할 수 있다. PER과 PBR 역시 주가에 따라 변하는 지표이기에 주가가 낮아지면 주가 지표 역시 좋아지기 때문이다.

이 사실을 발견한 나는 신규 종목을 매수할 때 주가 차트를 보는 대신 '52주 최저가 대비율 20% 이하'인 종목을 매수 대상으로 삼기로 했다.

투자했다가는 열받아서
부채가 필요한 회사

부채 비율

'신용, 미수, 몰빵' 3종 세트는 주식 투자를 해본 사람이라면 한 번쯤은 거쳐야 할 통과의례 같은 것이다. 뼈아픈 교훈을 주는 경우가 많다는 것이 문제지만 인생의 쓴맛으로서 교훈도 준다. 이 3종 세트로 뼈아픈 교훈을 많이 얻은 나는 지금 오직 현금만으로 오직 분산투자만 한다.

주식 투자에서 신용, 미수, 몰빵이 위험한 것처럼 회사가 많은 부채를 동원해 사업을 하는 것도 매우 위험하다. 물론 레버리지를 잘 이용해 큰돈을 버는 투자자도 분명히 있지만 실패 확률 또한 높다는 것은 누구나 인정할 만한 사실이다.

빚이 많은데도 높은 수익을 만들어내는 회사와, 빚은 없지만 적고 안정적인 수익을 창출하는 회사 중 어떤 회사에 투자하는 것이 더 나을까? 질문을 조금 바꾸어 신용, 미수, 몰빵으로 연간 100% 이상의 수익률을 올리는 A 친구와, 레버리지 없이 현금으로만 투자하면서 연간 20% 수준의 수익률을 올리는 B 친구 중 어느 친구에게 내 투자 자금을 맡기고 싶은지를 생각해보면 답을 구하기가 조금 더 수월해질 것이다.

혹자는 '풀 신용, 풀 미수'를 사용하면 레버리지 효과로 수익금의 규모 역시 크지 않겠느냐고 하겠지만, 이 주장을 펴는 투자자는 투자 자금이 부족할 가능성이 높다. 투자 자금이 넉넉한 투자자는 굳이 레버리지를 사용하지 않아도 되기 때문이다. A 친구가 풀 신용, 풀 미수로 만들어낸 투자 금액이 1억 원이라면 B 친구는 자기 자금이 현금 1억 원이라는 생각을 하지 못하는 데서 오는 착각일 뿐이다.

현금이나 자산을 많이 보유한 투자자나 회사는 굳이 큰 레버리지를 사용할 필요가 없다. 이러한 측면에서 볼 때 부채 비율은 높지만 이익률이 높은 회사와, 부채 비율이 낮은데 이익률이 높은 회사는 확실히 구별해야 한다. 예대 마진으로 수익을 창출하는 은행 같은 금융업종을 제외하고는 부채 비율은 낮은 것이 좋다.

회사가 사업에 부족한 자금을 충당하는 방법은 크게 두 가지다. 투자를 받거나, 대출을 받거나. 투자를 받을 수 있는데도 대출을 받는 경우는 극히 드물기에, 부채가 많은 회사는 투자를 받지 못한 것이라고 생각할 수 있다. 즉 부채가 많은 회사에 투자하는 행위는 투자를 받을 능력 혹은 가치가 없는 회사에 투자하는 것과 같다.

　회사가 부채 비율을 줄이는 방법도 크게 두 가지인데, 하나는 돈을 갚는 것이고 또 하나는 자본을 늘리는 것이다. 부채 비율을 구하는 공식은 '타인 자본(부채 총액) / 자기자본 × 100'이다. 따라서 부채를 줄이거나 자기자본을 늘린다면 부채 비율은 낮아진다.

　더 쉬운 이해를 위해 치킨가게의 예를 들어보자. 부채 5,000만 원, 자기자본 1억 원의 자산으로 구성된 A 치킨가게의 부채 비율은 50%다. 부채 1억 원, 자기자본 1억 원의 자산으로 구성된 B 치킨가게의 부채 비율은 100%다.

　B 치킨가게가 A 치킨가게와 비슷한 수준으로 부채 비율을 줄이기 위해서는 부채 1억 원 중 5,000만 원을 갚거나 자기자본 1억 원을 2억 원으로 늘리면 된다. 이때 부채를 상환해 부채 비율을 줄이는 것이 바람직하겠지만 증자를 통해 부채 비율을 줄일 수도 있다.

　이 행위는 주주에게 큰 부담이 된다. 여기서 주주의 부담은 부담스러운 마음 정도가 아니라 자칫 주가 폭락으로 이어질 수 있는 '공포의 유상 증자'를 의미한다. 부채 비율이 높은 회사에 투자하는 것은 유상 증자 가능성이 높은 회사에 투자하는 것과 다름없는 행위가 될 수도 있다. 이러한 의미에서 부채 비율조차 파악하지 않고 투자하는 행위는 주식 투자의 기본을 무시한 행위라 해도 과언이 아니다.

나 역시 한때 부채 비율을 확인하지 않고 주식을 매수했던 투자 호구였다. 부채 비율이 무슨 의미인지도 몰랐으니 확인하지 않은 것은 어쩌면 당연한 일이었을 것이다.

부채 비율이 높다고 해서 무조건 투자하기에 적합하지 않은 회사라고 할 수는 없겠지만, 투자를 결정할 때 '부채 비율이 높아도 성장 가능성 또한 높은 회사니까 투자해야겠어'라고 생각하는 것과 '어? 부채를 만들어 파는 회사인가? 매출이 500%나 증가했나 보네. 사야지!'라고 생각하는 것은 큰 차이가 있다.

나는 조건 검색에 '부채 비율'을 추가하기로 했다.

현금이 부동산보다
좋은 이유

유동 비율

잃지 않는 안전한 주식 투자를 위해 부채 비율과 함께 확인해야 하는 것이 하나 더 있다. 바로 유동 비율이다. 유동 비율은 '유동자산 / 유동부채 × 100'의 계산식으로 산출되는데, 회사의 지급 능력이나 신용 능력을 판단하기 위한 지표라 할 수 있다.

유동 비율을 이해하기 위해서는 계산식의 기준인 유동자산과 유동부채를 먼저 이해해야 한다. 유동자산은 고정자산에 대응하는 개념으로 1년 이내에 현금화할 수 있는 자산이라고 이해하면 된다.

유동자산에는 현금뿐 아니라 유가 증권, 상품, 제품, 원재료, 저장품, 전도금 등 마음만 먹으면 아주 짧은 시간에 현금으로 만들 수 있는 자산이 포함된다. 이는 다시 두 종류로 나뉘는데 현금화가 매우 신속하게 이루어질 수 있는 당좌 자산과, 복잡한 제조 과정이나 판매 과정을 거쳐야만 현금화가 가능한 재고 자산이 그것이다.

유동자산과 반대되는 개념의 유동부채는 1년 이내에 상환해야 하는 채무를 의미한다. 외상 매입금, 지급 어음, 1년 이내의 단기 차입금, 미지급금, 미지급 비용, 선수금, 예수금, 충당금 등이 속하며, 한마디로 1년 내에 누가 갚으라고 하면 갚아야 하는 돈이다.

유동자산과 유동부채를 설명하면서 나온 수많은 회계 용어를 외우고 이해할 필요는 없다. 재무제표 등에서 친절하게 구분해주기 때문이다. 더 알아서 손해 볼 것은 없겠지만 유동자산과 유동부채가 어떤 의미인지 정도만 이해해도 위험한 투자를 피할 수 있다.

유동 비율, 즉 유동부채 대비 유동자산의 비율은 회사가 보유한 현재 자산이 안정적인지 파악하는 척도가 된다. 유동자산이 유동부채보다 많다면 당장 현금화가 가능한 자금이 풍부하다는 것이고, 반대라면 약간의 매출 하락만으로도 갑자기 문을 닫을 수 있다는 의미다. 즉 부채 비율과 마찬가지로 모아놓은 현금이 부족하다는 것은 매우 위험한 상태라는 의미이기에, 유동 비율이 낮은 회사의 주식을 사는 행위는 매우 위험하다.

자본주의 시스템에서 회사의 이익은 곱셈의 연속으로 증가하지만 단 한 번이라도 0이 곱해지면 모두 물거품이 된다는 것을 잊지 말아야 한다.

유동자산은 부족하지만 고가의 기계 장치나 공장부지 등 고정 자산이 풍부한 회사도 있을 것이다. 하지만 안타깝게도 유동성 위기에 봉착하면 이러한 고정 자산은 '급매물'이라는 이름으로 '헐값'으로 처분되는 경우가 많다. 채권자는 채무자를 오래 기다려주지 않기 때문이다.

일반적으로 유동 비율은 200% 이상으로 유지되는 것이 이상적이며, 이를 '2 대 1의 원칙Two to one rule'이라 부른다. 어떤 비율에 원칙이 있다는 것은 매우 중요한 의미를 가진다. 주식 투자 전 반드시 유동 비율을 확인하자.

쉬운 이해를 위해 다시 치킨가게의 예를 들어보자. A 치킨가게와 B 치킨가게의 자산과 부채는 똑같이 각각 1억 원이다. 투자자의 관점에서 이 정보만으로는 두 치킨가게 중 어느 쪽에 투자해야 하는지 알 수 없다. 하지만 유동 비율을 살펴보면 생각이 달라질 것이다.

먼저 A 치킨가게의 자산을 들여다보니 1억 원 전체가 고객에게 외상을 주고 발생한 유동자산으로 구성되어 있다. 또한 부채는 튀김 기계를 바꾸기 위해 은행에서 빌린 1년 만기 대출금 1,000만 원과, 점포를 사기 위해 빌린 30년 만기 대출금(고정 부채라 할 수 있는 장기 차입금) 9,000만 원으로, 유동부채는 1,000만 원인 상황이다. 따라서 A 치킨가게의 유동 비율은 '1억 원 / 1,000만 원 × 100 = 1,000%'로 계산된다.

이번에는 B 치킨가게의 사정을 살펴보자. 자산은 은행에 저축해놓은 1,000만 원과 9,000만 원을 주고 산 튀김 기계로 유동자산은 1,000만 원이다. 부채는 재료 등을 구매하기 위해 은행에서 빌린 1년 만기 대출금 1억 원으로 유동부채는 1억 원인 상황이다. 이를 유동 비율로 계산하면 '1,000만 원 / 1억 원 × 100 = 10%'다.

두 치킨가게의 유동 비율을 비교해보면 A 치킨가게는 1,000%이고 B 치킨가게는 10%다. A 치킨가게는 앞에서 언급한 '2 대 1의 원칙'을 뛰어넘어 재무적으로 매우 안정적인 상태이고, 반대로 B 치킨가게는 앞으로 1년간 매출이 부진할 경우 버티기 힘들 정도로 매우 위험한 상태임을 알 수 있다.

이처럼 자본금이 같더라도 유동 비율에 따라 좋은 기업과 위험한 회사를 구별할 수 있다. 하지만 예전의 나를 비롯한 대부분의 주식 투자 호구들은 유동 비율이 무엇을 의미하는지조차 모르는 것은 물론이고 이 숫자를 투자 여부의 척도로 사용하려 하지도 않는다.

주가가 회사의 내재가치와 일치하지 않고 비이성적이고 비합리적인 시장 가격에 거래되는 것은 모든 투자자가 현명하거나 똑똑한 것이 아니기 때문일 수도 있다. 많은 사람이 B 치킨가게 사장의 사돈이 대선 후보라는 것을 보고 베팅할 테니 말이다. 아마도 B 치킨가게 사장은 닭을 튀겨 파는 것보다 주식 호구들이 올려준 회사의 주식을 비싸게 팔아치우는 것에 더 관심을 가질 것이다.

추가로 유동 비율과 함께 보면 좋은 주가 지표로 유보율이 있다. 유보율은 회사가 얼마나 많은 자금을 보유하고 있는지를 알려주는 지표다. '잉여금 / 자본금 × 100'으로 계산하며 쉽게 말해 회사에 남아도는 자금을 의미한다.

기본적으로 유보율이 높은 회사는 부채 비율이 낮을 가능성이 높고, 거꾸로 부채 비율이 낮으면 유보율이 높을 가능성이 높다. 개인 역시 현금이 많으면 빚이 적을 가능성이 높고, 거꾸로 빚이 적으면 현금이 많을 가능성이 높은 것과 비슷한 이치다.

미국의 기준 금리가 5.5%에 달할 만큼 갑작스럽고 살인적으로 높아진 2023년은 부채 비율이 높고 유동 비율과 유보율이 낮은 회사에는 지옥 같은 해였을 것이다. 부족한 자금을 조달하기 어려울 뿐만 아니라 부채에 대한 이자 비용도 크게 증가했을 테니 말이다.

하지만 부채 비율이 낮고 잉여금도 많이 쌓아놓았던 회사는 안정적으로 경영할 수 있었을 것이고, 경쟁사들이 빚 갚기에 여념이 없던 그 시기에 풍부한 자본력을 바탕으로 공격적으로 투자하는 것도 가능했을 것이다.

배당주라면
볼 것도 없이 무조건?

배당주

적자 배당이라는 것이 있다. 배당은 주식을 가지고 있는 사람들에게 소유 지분에 따라 회사의 이윤을 분배하는 것이다. 그런데 적자, 즉 이윤이 없는데도 배당을 한다는 것이 신기하게 보일 것이다. 하지만 주주의 결정에 따라 적자 상황에서도 배당을 하는 것이 가능하다.

회사가 1년 동안 적자를 냈다고 하더라도 그 전에 번 돈이 유보금으로 남아 배당 여력이 있을 수 있고, 유보금이 부족한 상황이라면 건물 등의 부동산 자산을 팔아 배당을 하는 경우도 있다.

실적 악화에도 2017년 시가 배당률 17.3%라는 큰 금액을 배당금으로 지급했던 천일고속이 대표적인 적자 배당 사례다. 당시 이 고배당은 오너 일가의 상속세 납부를 위해서라는 것이 업계의 시각이었다. 2014년까지 전혀 배당을 하지 않던 회사가 2015년부터 계속해서 고배당을 했다는 것은 대주주에게 현금 자금이 필요하다는 방증이다.

이처럼 배당을 많이 준다고 해서 가치 있고 성장성 있는 회사라고 볼 수는 없다.

　실제로 이 책이 처음 출간된 2020년 10월에 7만 원 수준이던 천일고속 주가는 3년이 지난 2023년 11월 현재 4만 7,000원 수준으로 하락했다. 게다가 현재는 배당을 전혀 하지 않고 있다.

　나는 배당주가 장기 투자를 버틸 수 있는 안전마진이라는 생각으로 고배당주 종목에만 관심을 두었던 적이 있다. 큰 금액을 배당한다는 것은 좋은 성과와 성장이 지속되기 때문이라고 생각했던 것이다. 하지만 배당주들의 면면을 찬찬히 살펴본 후 내 생각이 잘못되었다는 것을 알았다.

　버크셔 해서웨이는 배당을 하지 않는 것으로 유명하다. 배당을 하지 않고 유보한 이익을 재투자해 투자자에게 실적에 따른 주가 상승으로 보상하는 것이 그들의 방침이다. 그리고 계획한 대로 매년 엄청난 실적과 성장으로 투자자를 기쁘게 해주고 있다.

　배당 여부가 회사 가치의 척도가 될 수는 없지만 가치가 비슷한 회사라면 배당까지 주는 쪽이 낫다는 것은 부정할 수 없다. 즉 배당주 중에서 투자할 회사를 선정하는 것이 아니라, 가치가 비슷한 회사 중에 '이왕이면 배당주'를 선정하는 것이 낫다.

배당률 20% 회사와 배당률 3% 회사 중, 다른 지표들은 보지 않고 무작정 전자에 투자하는 것은 바보 같은 짓이다. 앞에서 이야기한 것처럼 배당을 많이 준다고 해서 좋은 회사인 것은 아니기 때문이다. 20%의 배당을 받기 위해 투자했다가 50%의 주가 하락을 경험할 수도 있다.

하지만 동일 업종에서 매출과 이익이 비슷한 회사 중 하나를 선택할 경우 배당 성향과 그 수준을 고려하는 것은 의미가 있다. 회사가 주주의 이익을 보장하려는 의지를 가지고 있는 것이기 때문이다.

네가 사는 그 주식,
그 주식이 내 주식이었어야 해

외국인 지분율

외국인은 주식의 신이다. 외국인이 매수하는 종목은 언제나 오른다. 내가 산 주식이 아무리 하락하고 있더라도 외국인과 함께한다면 전혀 두렵지 않다. 외국인은 절대로 잃지 않을 테니 말이다. 반대로 내가 산 주식이 아무리 가치 있고 큰 성장성을 지녔다 하더라도 외국인이 팔고 있다면 빨리 도망쳐야 한다. 외국인은 내가 모르는 모든 것을 알고 있을 테니 말이다.

가치투자를 할 때 외국인의 움직임 따위는 관심 밖 영역이어야 하겠지만, 주가의 흐름이 투자자의 멘털을 흔든다는 측면에서 보았을 때 이에 대비하는 것도 필요하다.

외국인이 매수하면 따라서 매수하고 외국인이 매도하면 따라서 매도해야 한다는 것은 아니다. 내가 참고하는 '외국인의 선택' 지표는 바로 외국인이 해당 종목을 얼마나 보유하고 있는지를 보여주는 '외국인 지분율'이다. 외국인이 주식의 신이라 믿거나 우리 주식시장의 돈을 쓸어가는 도둑이라 생각하면서 외국인 지분율이 1%도 안 되는 주식에 투자하는 것은 미스터리다.

나는 슈퍼 개미로 알려진 투자자들이 보유한 종목, 인터넷 주식 카페, 블로그, 유튜브 등에서 주식 고수로 알려진 투자자들이 보유한 종목에 관심이 많다. 그리고 그 종목에 투자한 이유가 나의 투자철학과 일치한다면 내 나름의 방식으로 한 번 더 분석하는 과정을 거친다. 그리고 최종적으로 좋은 종목이라 판단하면 매수한다.

이것은 인사팀 김 대리가 추천하는 종목을 아무 생각 없이 따라 사는 '묻지 마 투자'와 다르다. 다른 사람이 힘들게 분석하고 연구해 내재가치를 인정한 회사를 큰 힘 들이지 않고 어부지리로 주워 담을 수 있는 경제적이고 효율적인 행위다.

만약 주식 투자를 통해 일정 규모 이상의 자산으로 일정 수익률 이상을 달성한 투자자들의 보유 주식 비중을 데이터로 사용할 수 있다면 나는 적극 활용할 것이다. 내가 조건 검색에 외국인 지분율을 추가한 이유는 이와 비슷한 맥락이다.

주가 차트보다
더 중요한 차트

재무 차트

나는 주식 투자를 할 때 주가 차트를 전혀 참고하지 않는다. 더 솔직히 말하자면 볼 줄 모른다. 이동평균선이나 골든크로스처럼 아주 기본적인 기술적 분석조차도 무시한다. 하지만 주가 차트를 모르는 내가 열심히 들여다보는 차트가 하나 있으니 그것은 바로 재무 차트다.

재무 차트라고 하니 새로 나온 대단한 차트가 아닐까 하는 초보자들의 기대가 느껴지지만, 사실 이것은 재무 성과 데이터의 변화를 그래프로 보여주는 것에 지나지 않는다.

앞에서 나열한 재무 성과에 따른 다양한 투자 지표들은 사실 단일 수치로는 투자 성공의 열쇠가 되지 못한다.

투자의 성공이라는 것은 결국 수익 발생과 닿아 있기에 주가 상승을 위해서는 모멘텀, 즉 주가 상승을 가속화할 재무 성장성을 가지고 있느냐가 핵심 포인트다. 즉 '올해 수익이 100억 원 발생한 회사'라는 정보보다 '수익이 10억 원, 30억 원, 60억 원, 100억 원으로 증가해온 회사'라는 정보가 더 유용하다.

과거의 발자국으로 미래를 예측하는 것은 위험한 일이다. 하지만 전교 1등을 하던 학생이 다음에도 1등을 할 가능성은 전교 꼴찌가 전교 1등을 할 가능성에 비해 비교할 수 없을 정도로 높다. 회사의 과거 성과와 성장성은 회사의 미래를 예측하는 데 유효한 데이터다.

내가 연구한 블랙잭 게임의 핵심 전략을 한마디로 요약하면 '앞으로 테이블 위에 10 카드가 얼마나 더 오픈될 것이냐'의 확률을 따지는 것이었다. 이 확률을 예측하기 위한 정보는 너무나도 제한적이어서 맞지 않는 일이 다반사였고 작은 예측 실수는 엄청난 손실을 수반했다.

하지만 주식 투자는 확실히 달랐다. 보지 않아서, 그리고 보고도 몰랐던 회사의 성과를 예측할 수 있는 과거의 데이터가 차고 넘쳤고 적중 확률 또한 도박과 비교할 수 없을 정도로 높았다. 심지어 예측이 잘못되어도 만회할 기회가 많았다.

인사팀 김 대리가 추천한
두 개의 종목

회사의 가치를 가늠해볼 수 있는 여러 지표들은 주식 투자에서 매우 기초적이고 기본적인 것이다. 하지만 안타깝게도 이 정도의 지식과 데이터만으로는 주식 투자에서 발생하는 모든 위험을 회피할 수 없고 큰 수익을 보장받는 것역시 불가능하다.

그렇다 해도 사칙연산을 모른 채 방정식을 풀 수 없고 알파벳을 모른 채 영어 회화를 할 수 없는 것처럼, 주식 투자의 기본이 되는 주가 지표와 재무에 관한 사항을 이해하는 것은 매우 중요한 일이다. 이것들을 모르고 주식 투자를 해왔다면 그것은 주식을 이용한 도박이었을 것이다.

아무리 복잡하고 어려운 영어 단어라 할지라도 알파벳 26자로 모두 표현된다. 주식 투자의 복잡한 메커니즘도 기본적인 개념을 하나씩 깨닫고 조합해나가다 보면 언젠가 큰 수익을 얻을 실력을 갖추게 될 것이다.

자, 이제부터는 실전이다. 지금까지 알아본 주식 투자의 기초적 데이터만을 가지고 인사팀 김 대리가 추천한 두 개의 종목을 분석해보자.

두 회사의 주요 재무지표 비교

	A	B
거래소/코스닥	코스닥	거래소
자본금	10억 원	100억 원
현재 주가	23만 원	2,000원
증거금률	100%	20%
PER	124	3
PBR	20	0.3
PSR	60	1.2
PCR	30	0.8
PEG	5	0.2
ROE	0.5%	24%
ROA	0.3%	20%
52주 최저가 대비율	120%	5%
부채 비율	350%	20%
유동 비율	10%	600%
배당 수익률	배당 없음	8.3%
외국인 지분율	0%	82%

분석하는 것이 어렵고 복잡해서 두 종목 중 어느 종목을 매수해야 할지 고민이 되는가, 아니면 단 몇 초 만에 답이 나왔는가?

만약 전자의 상황이거나, 후자인데 A 주식을 매수하는 것이 좋겠다고 판단했다면 이 책을 처음부터 다시 읽거나 아예 주식 투자를 포기하는 편이 나을 것이다. 후자의 상황이고 B 주식을 매수하는 것이 좋겠다고 판단했다면 주식 투자를 하기 위한 기본은 갖추었다고 볼 수 있다.

하지만 아직 끝이 아니다. 충격적인 반전이 기다리고 있다. 알고 보니 A사는 인간의 수명을 200세로 연장시킬 수 있는 신약 개발에 성공해 다음 달 출시를 앞두고 있고, B사는 현재 분식회계로 금융위원회의 조사를 받고 있는 데다 최대 주주인 대표이사가 배임과 횡령으로 구속되어 수사를 받는 중이다.

재무 성과에 따른 주가 지표를 확인하는 것은 정도(正道)가 될 수는 있지만 왕도(王道)는 될 수 없다는 얘기다.

나는 네가 마음에 들지만
누구인지는 잘 모르겠어

회사를 설립하고 신입사원을 채용하게 되었다. 최종 면접까지 올라온 지원자 두 명 중 한 명을 선발해야 하는 상황이다. A 지원자는 안경을 썼고 B 지원자는 눈이 크다. 당신이라면 누구를 채용할 것인가? 잠시 채용 전문가의 말을 들어보자.

"A 지원자는 안경을 쓴 것으로 보아 진중하고 완고한 사람으로 인내와 근성의 소유자일 가능성이 높습니다. 진중한 마인드로 사람들을 잘 통솔할 것입니다. 하지만 특유의 냉철함과 고지식한 면은 옥에 티가 될 수도 있습니다.

B 지원자는 눈이 큰 것으로 보아 아마도 까다로운 성격의 천재일 것입니다. 아이디어 뱅크일 가능성이 있고 타인의 작은 실수도 놓치지 않을 것입니다. 때로는 강압적이며 까다롭고, 자기와 페이스가 다른 사람에게 화를 내는 일도 잦을 것입니다."

자, 당신이라면 누구를 채용할 것인가?

갑자기 무슨 개소리냐고? 맞다. 개소리! 그리고 이것은 대부분의 주식 투자 호구들이 범하는 실수이기도 하다. 하마터면 깜빡 속아 넘어갔을 두 지원자에 대한 '그럴듯한 판단 근거'라고는 '안경을 썼다는 것'과 '눈이 크다는 것'밖에 없다.

그런데 이들에 대한 설명을 말끔한 정장 차림을 한 30년 경력의 헤드헌터가 했다면? 주식 투자 방송에는 이러한 부류의 '자칭 전문가'가 차고도 넘치며 하루 온종일 종목을 추천하고 있다.

그렇다면 지원자 두 명 중 누구를 어떤 근거로 채용하는 것이 현명한 선택일까? 면접을 진행하기에 앞서 무엇을 확인해보아야 할까? 답은 아주 간단하다. 그들의 이력서다. 이력서에는 지원자의 이름이 무엇인지, 어디 사는지, 대학교는 어디를 졸업했고 전공은 무엇이며 성적은 어땠는지 등 채용의 근거가 될 만한 내용이 빽빽할 것이다.

채용 담당자는 지원자의 이력서를 살펴본 후 면접 여부를 판단한다. 이렇듯 회사의 이력서라 할 수 있는 사업보고서를 확인해서 일정 수준 이상의 실력을 갖춘 회사라고 인정한 후 투자 여부를 결정하는 단계로 넘어가야 한다.

주식 투자자가 투자 전에 확인해야 하는 것은 주식 방송 차트 전문가의 말이 아니라 투자할 회사의 이력서라 할 수 있는 사업보고서다.

보인다고 해서
다 보는 것은 아니다

사업보고서와 거기에 포함된 재무제표를 읽지 못하는 투자자는 주식 문맹이라 해도 과언이 아니다. 그렇다면 사업보고서와 재무제표를 이해하는 것은 정말 어렵고 힘든 일일까?

그렇다. 보통은 이 타이밍에서 '사실 알고 보면 그리 어렵지 않다'라는 말이 나와야 하지만 나는 조금 더 솔직해지자고 생각했다. 분명한 것은 어렵고 힘들게 사업보고서를 보지 않으면 그와 비교도 되지 않을 만큼 더 어렵고 힘든 일을 겪게 될 것이라는 사실이다. 돈을 버는 일은 그렇게 호락호락하지 않다.

회사의 사업보고서는 금융감독원 전자공시시스템, 이른바 다트 http://dart.fss.or.kr에서 확인이 가능하다. 사업보고서는 분기 경과 후 45일 내에 제출하는 분기 보고서, 6개월간의 사업 내용을 반기 경과 후 45일 내에 제출하는 반기 보고서, 사업 연도 경과 후 90일 내에 제출하는 사업보고서로 구분된다.

여기서 사업보고서의 제출 기한을 유심히 살펴볼 필요

가 있다. 3월을 '상장폐지의 달' '상장폐지의 시즌'이라 하는 주식 투자자가 있는데, 대부분의 회사가 12월을 연도 말로 해서 결산하는 탓에, 제출 마감일이 속한 3월에 상장폐지 사건이 많이 터지기 때문이다.

실적이 아주 좋을 것으로 판단되거나 또는 반대일 것이 확실하다면 3월 말 이전에 매매 결단을 내리는 것도 좋은 투자 전략이다. 주식 투자에서 가장 위험한 것이 거래 정지와 상장폐지이기 때문이다.

사업보고서를 여는 데까지 성공했다면 복잡해 보이는 목차를 발견하게 될 것이다. 이 목차에는 회사의 개요, 사업의 내용, 재무에 관한 사항 등이 있다.

퀀트의 개념을 활용한 조건 검색으로 발굴한 회사들은 그야말로 기본을 갖춘 안전한 회사라 할 수 있다.

하지만 성장성을 파악하기 위해서는 어떤 회사인지, 어떻게 돈을 벌고 있는지, 앞으로 어떤 발전을 기대할 수 있는지 데이터를 살펴보아야 한다. 사업보고서는 바로 이러한 데이터를 가장 기본적으로 살펴볼 수 있는 자료다.

내가 투자하려는 회사는
어떤 회사인가?

사업보고서에서 첫 번째로 나오는 항목인 '회사의 개요'에는 회사의 기본적인 개요, 회사의 연혁, 자본금 변동 사항, 주식의 총수, 의결권 현황, 배당에 관한 사항 등의 정보가 있다. 타이틀 그대로 회사의 기본적인 현황을 살펴볼 수 있는 항목이다.

회사의 개요 항목에서는 회사의 명칭과 자회사 및 계열사 현황 등의 정보를 얻을 수 있다. 설립 일자와 본사의 주소, 홈페이지 주소 등 기본 사항부터 주요 사업의 내용과 향후 추진하려는 신규 사업에 대한 내용도 간단하게 기재되어 있다.

경우에 따라 신용 평가 항목도 기재되는데, 이 중 기업어음이나 무보증 사채의 신용 평가 등급 범위는 안정적인 투자를 위해 참고해야 할 자료다. 예를 들어 투자하려는 회사가 발행한 기업어음 등의 신용등급이 A1, 즉 '적기 상환 능력이 최상이며 상환 능력의 안정성 또한 최상임'인 경우와 C(적기 상환 능력 및 안정성에 투기적인 요소가 큼)나 D(상환 불능 상태임)인 경우는 투자 여부에 결정적인 영향을 끼칠 것이기 때문이다.

회사의 개요에서 특히 눈여겨보아야 하는 항목이 있는데 바로 자본금 변동 사항이다. 자본금의 증가 혹은 감소, 전환사채 발행 이력 등으로 회사의 상태를 확인하는 중요한 포인트다. 만약 유상 증자나 전환사채 발행이 잦은 회사라면 투자 위험도 역시 높다고 판단할 수 있으며 사유를 반드시 확인해야 한다.

회사의 개요에는 배당에 관한 사항도 나오는데, 해당 회사가 최근에 배당을 어떻게 해왔는지를 보여주기 때문에 배당주에 투자하는 경우라면 꼭 확인해야 한다.

내가 투자하려는 회사는 무엇을 하는 회사인가?

물건을 하나 사더라도 그것이 왜 필요하고 어떻게 쓸 것인지를 확인한다. 그런데 비교적 큰 자금을 쓰는 주식을 살 때는 해당 회사가 무슨 일을 하는지도 모르는 채 투자하는 경우가 많다.

삼성전자, 농심, 현대자동차, 이마트처럼 친숙한 브랜드의 유명한 회사라면 굳이 자세한 사업 활동까지 살펴볼 필요가 없겠지만 코메론, GKL, 서한, 휴켐스처럼 이름만으로는 도대체 무슨 제품이나 서비스를 제공하는지 감조차 잡을 수 없는 회사의 주식을 사기 위해서는 투자 전 사업의 내용을 살펴보아야 한다.

인터넷 검색이나 해당 회사의 홈페이지를 통해 대략적인 내용을 파악할 수 있지만, 사업보고서에 기재되는 '사업의 내용'에 더 많은 내용이 담겨 있다.

주가 지표나 재무 성과 등의 숫자만으로 안전하고 좋은 회사를 찾는 것은 얼마든지 가능하다. 그러나 해당 회사가 더 발전할 가능성이 있는지 판단하려면 그 회사가 어떠한 사업을 하고 있으며 앞으로 어떻게 운영될지 알아야 한다. 따라서 사업의 내용을 통해 투자하려는 회사의 비전과 발전 가능성을 판단하는 것은 매우 중요하다.

사업의 내용에는 경쟁사 현황도 포함되는데, 만약 경쟁사가 투자하려는 회사보다 오히려 더 강력하다고 판단된다면 해당 회사의 주식 대신 경쟁사의 주식에 관심을 기울이는 것도 좋은 투자 방법이다. 또한 서비스나 상품별로 매출 현황을 파악하고 국내 매출과 해외 매출을 구분해 살펴볼 수도 있기 때문에 투자하려는 회사가 글로벌한 회사로 성장할지 판단하는 데 유용하다.

우리가 잘 아는 농심의 2023년 11월 분기 사업보고서를 예로 들어보자. 신라면과 안성탕면 같은 라면 매출액은 2조 원 정도이고 매출 비중은 78.7%에 달한다. 라면 다음으로 매출 비중이 높은 상품은 새우깡, 칩포테토, 양파링 등의 스낵이며, 이 외에도 백산수와 카프리썬 같은 음료, 켈로그와 츄파춥스 같은 제품을 제조하고 판매한다. 라면은 전체 매출액 중 내수 판매 매출액이 1조 8,500억 원, 수출 매출액이 1,500억 원 정도이고 전기 대비 증감률 또한 파악할 수 있다.

이처럼 사업의 내용에는 회사가 어떤 상품이나 서비스를 통해 매출을 발생하는지, 어떠한 신제품을 개발하고 있는지 담겨 있다.

워런 버핏의 취미가 사업보고서 읽기라는 것은 잘 알려진 사실이다. 또한 사업을 이해할 수 있는 회사에만 투자한다는 그의 투자 신념도 유명하다.

주식을 사기 전에 사업보고서, 그중에서도 사업의 내용 부문은 꼭 읽어보아야 하며, 만약 이해가 잘 가지 않거나 사업의 발전 가능성이 낮다고 판단하면 과감하게 투자를 패스하는 것이 자산을 지키는 현명한 일이다.

내가 투자하려는 회사는
돈을 얼마나 버는 회사인가?

회사가 존재하는 이유는 매우 단순하다. 이윤 추구, 즉 돈을 버는 것이다. 주식 투자는 회사가 번 돈을 투자한 금액만큼 배분받는 행위다. 따라서 투자하려는 회사가 사업을 위한 자금을 충분히 가지고 있는지, 얼마나 벌었는지, 얼마의 빚이 있는지 등의 재무 정보는 꼭 확인해야 한다.

재무에 관한 사항은 총 세 가지로 구분해 관련 내용을 파악할 수 있다. 재무상태표, 손익계산서, 현금흐름표가 그것이다.

먼저 재무상태표를 보면 회사가 현재 얼마의 돈을 가지고 있는지 파악한다. 회사의 자본이 자산과 부채로 나뉘어 있다는 것만 알아도 이 표의 내용을 이해하기가 그리 어렵지 않다. 평소 쉽게 보지 못했던 큰 단위의 숫자들이 빼곡하게 기재되어 있지만 각각의 항목을 가만히 들여다보면 구조는 비교적 단순하다.

자산은 1년 이내에 현금화가 가능한 유동자산과 그렇지 않은 비유동자산으로 구분되어 있는데 유동자산이 클수록 회사의 재무 상황이 안정적이라는 뜻이다. 부채 역시 1년 이내에 상환해야 하는 유동부채와 그렇지 않은 비유동부채로 구분되는데 자산과 마찬가지로 회사의 재무 안정성을 평가할 수 있다.

재무상태표에서는 투자하려는 회사의 부채가 자산에서 차지하는 비중이 크지 않은지, 유동자산과 유동부채의 비율이 어떠한지, 자산과 부채가 전년에 비해 증가했는지 감소했는지 등을 확인한다.

재무상태표가 회사의 자본을 파악하는 자료라면 손익계산서는 회사의 사업 성과를 파악하는 자료다. 손익계산서는 매출, 매출 원가, 판매비, 관리비 등의 규모와 증감을 기재하는데 이를 통해 영업이익 등의 성과를 알 수 있다.

현금흐름표는 영업 활동으로 인한 현금흐름, 투자 활동으로 인한 현금흐름, 재무 활동으로 인한 현금흐름 등 총세 가지 형태의 현금 입출입 내역을 확인하는 자료다. 손익계산서에 드러나지 않는 실제 현금 및 현금성 자산의 증감을 담고 있는데, 현금 및 현금성 자산의 증감률만으로도 회사가 잘 성장하고 있는지 파악할 수 있으니 꼭 살펴보아야 한다.

오른쪽 '잃지 않는 안전한 주식 체크리스트'의 지표들은 연간 기준이다.

잃지 않는 안전한 주식
체크리스트

		삼성전자 (2023/11 기준)	권장 수준(예시)	체크
	현재 주가	72,500원	N/A	
	거래소 구분	코스피	N/A	
1	시가총액	432조 8,092억 원	3,000억 원 이상	V
2	증거금률	20%	40% 이하	V
3	52주 최저가 (52주 최저가 대비율)	54,500원(15%)	최저가 대비율 10% 이하	
4	52주 최고가 (52주 최고가 대비율)	73,600원(2%)	최고가 대비율 30% 이상	
5	PER(업종 PER)	15.41(21.16)	5 이하	
6	PBR	1.40	2 이하	V
7	PSR	1.24	5 이하	V
8	PCR	6.04	10 이하	V
9	PEG	0.24	1 이하	V
10	ROE	17.07%	5% 이상	V
11	ROA	12.72%	3% 이상	V
12	영업이익률	14.35%	5% 이상	V
13	순이익률	18.41%	3% 이상	V
14	매출액 증가율	8.1%	1% 이상	V
15	순이익 증가율	39.5%	1% 이상	V
16	부채 비율	26.41%	100% 이하	V
17	유동 비율	278.86%	200% 이상	V
18	유보율	38,144.29%	200% 이상	V
19	현금 배당 수익률	1.99%	3% 이상	
20	외국인 지분율(소진율)	53.42%	30% 이상	V
21	사업보고서 확인	○		V

체크 결과 분석(예시)

권장 수준 15개 초과	잃지 않을 확률 90% 이상
권장 수준 12~15개	잃지 않을 확률 70% 이상
권장 수준 9~11개	잃지 않을 확률 50% 이상
권장 수준 5~8개	잃지 않을 확률 30% 이상
권장 수준 5개 미만	투자 부적합

4장

시장을 이기는 주식 투자

가치투자의
가치

내가 생각하는 가치투자는 크게 두 가지 개념으로 나뉜다. 첫 번째는 회사의 가치보다 주가가 낮아졌을 때 사서 주가가 회사의 가치에 수렴했거나 더 높아졌을 때 파는 것이다. 이 수렴 과정은 경우에 따라 시간이 많이 소요될 수 있기 때문에 장기 투자가 수반되어야 한다.

두 번째는 재무 구조가 튼튼하고 미래 성장성이 있는 회사에 투자하는 것이다. 다른 것은 몰라도 안전한 주식 투자를 할 수 있다는 것은 반박 불가의 팩트다.

일반적으로 가치투자는 회사의 주가와 실제 가치의 괴리를 이용한 투자 방식을 의미한다. 그런데 주가는 결국 회사의 내재가치에 수렴한다는 것을 이용하는 이 투자 방식의 가장 큰 약점은 '시간'에 있다. 주가와 내재가치의 괴리에 따른 안전마진을 기대하기 위해서는 왜곡되어 있는 주가가 회사의 내재가치에 도달할 때까지 기다려야 하기 때문이다. 하지만 더 큰 약점은 오랜 시간이 지남에 따라 회사의 내재가치 자체가 변할 수도 있다는 것이다.

20년 전 휴대전화기 생산의 최강자였던 노키아에 가치투자를 했다고 생각해보자. 주가가 회사의 내재가치에 수렴하기도 전에 내재가치가 10분의 1로 곤두박질치는 상황을, 그리고 회복이 거의 불가능해 보이는 시장 환경을 맞닥뜨리게 된다면 시간은 더 이상 내 편이 아니다.

급변하는 시장 상황에서 회사의 몰락은 누구도 예측할 수 없는 영역이 되어버렸다. 코카콜라보다 더 시원하고 짜릿한 음료수가 개발되지 말라는 법이 없고, 질레트보다 더 간편하고 잘 밀리는 면도기가 인기를 끌지 말라는 법도 없다. 아니, 한 번 바르면 한 달 동안 수염이 자라지 않는 크림이 개발될 수도 있다.

현재와 미래의 주식시장 환경은 내가 그토록 존경하는 버핏과 린치가 활동했던 그 주식시장이 아닐 수도 있겠다는 불안감마저 든다.

현재 혹은 단기간의 주가와 내재가치의 괴리를 보이는 회사를 찾아내는 것은 가능할 뿐만 아니라 그리 어렵지 않다. 하지만 회사의 가치 또한 주가와 다르지 않게 빠르게 변하는 상황에서 과연 '일반적인 가치투자'의 개념이 계속해서 통할지 물음표가 떠오른다. 또한 내가 생각하는 미래의 회사 가치는 '전기차냐, 수소차냐' 같은 주관적인 판단에 의한 것이기에 '그저 잘못 판단한 것'일 수도 있다.

시간은 더 이상 내 편이 아니고, 회사와 시장은 결국 변화하며, 내 생각은 언제든 틀릴 수 있다고 생각한 후 나는 또 다른 가치투자의 개념을 고민해야 했다. 그것은 바로 시간을 최소화하고 회사의 가치를 최대한 객관적으로 판단하는 것이었다.

주가와 회사 가치의 괴리를 통한 안전마진을 '긴 시간 동안 크게' 가져가는 대신 '짧은 시간 동안 작게' 그리고 가능하면 '여러 번 혹은 많은 회사를 대상으로' 가져가면 어떨까 하는 생각을 해보았다. 단타 혹은 단기 트레이딩처럼 보일 수도 있다. 전통적이고 일반적인 가치투자에서 이야기하는 장기 투자와 완전히 상반되는 개념이기 때문이다.

이러한 까닭에 나는 내재가치를 분석해 가치 있는 회사에만 투자하면서도 투자가 아니라 트레이딩을 한다는 오해를 받는 일이 많다. 내가 일반적인 가치투자자와 다른 점은 어찌 보면 '수익의 욕심'을 버린 것뿐인데도 말이다.

주당 1만 원 정도가 실제 가치라고 판단한 K 회사의 주식을 주당 7,000원에 매수한 후 10년 동안 장기 투자하고 결국 주가와 기업 가치가 일치하는 순간 매도해 40% 이상의 수익률을 올린 A 투자자가 있다.

같은 종목을 산 B 투자자 역시 주당 1만 원이 회사의 실제 가치에 부합한다고 생각했지만 A 투자자와 다르게 10% 수익률을 목표로 정했고 주가가 7,700원이 되었을 때 주식을 모두 팔았다. 그가 10% 수익을 얻는 데 소요된 기간은 1년이었다.

이 두 투자자 중 누가 더 현명한 투자를 한 것일까? 만약 가치투자를 할 수 있는 종목이 단 하나뿐이라면 A 투자자가 더 현명했다고 할 수 있다. 왜냐하면 B 투자자는 단기간에 10%의 수익을 올리기는 했지만 10년 후에도 9년 전 얻은 10%의 수익에 만족해야 하기 때문이다.

하지만 이 세상에 주가와 기업 가치의 괴리를 보이는 가치투자의 대상은 차고도 넘친다. 또한 10년이라는 긴 시간 안에 금융위기나 뜻하지 않은 시장 변화가 일어나 K사의 주가가 일시적으로 7,000원까지 하락할 수도 있다. B 투자자는 이러한 기회를 놓칠 리가 없다.

나는 여전히 가치투자를 믿고 추종하지만 맹목적인 장기 투자보다는 실익과 안전을 추구하고 욕심을 내지 않는 '안전한 가치투자'를 하기로 했다.

변칙 플레이어가 본
원칙 플레이

"가치투자자의 탈을 쓰고 모멘텀 투자를 행하는 가치 사기꾼을 조심하라."

세스 클라만의 이 말이 명언으로 기록될 정도라면 나처럼 변칙 플레이, 즉 변형된 가치투자를 하는 사람이 매우 많다는 의미다. 나는 세븐 스플릿이라는 일종의 '야매' 주식 투자법을 고안했다. 투자 자아 역시 7개로 분할되어 있는데, 1번 계좌의 투자 자금을 운용하는 투자 자아만이 유일하게 진정한 가치투자를 행하고 있다.

《채권쟁이 서준식의 다시 쓰는 주식 투자 교과서》라는 책에 소개된 가치투자의 대표적인 특징은 다음과 같다.

1. 투자 자산의 가치를 예측한다.
2. 가치와 가격의 괴리라는 한 가지 이유가 투자 의사 결정의 근거가 된다.
3. 가격의 추세를 역행한다.

그런데 세븐 스플릿에 의한 나머지 6개 계좌에 존재하는 투자 자아들은 1번 투자 자아가 골라준, 내재가치가 충분한 종목에 투자한다는 것을 제외하고는 모멘텀 투자자에 더 가까웠다.

1. 투자 자산의 가격을 전망한다.
2. 수많은 이유가 투자 의사 결정의 근거가 된다.
3. 가격의 추세를 중요시해 순응한다.

이들 자아는 단타 스윙은 물론이고 스캘핑까지도 서슴지 않지만 한 가지 다행인 것은 '절대로 잃지 않는다'는 원칙에 따라 뇌동 매매나 손절매를 절대 하지 않는다는 점이다. 이러한 까닭에 1번 투자 자아와 나머지 여섯 개의 투자 자아들이 운용하는 투자 자산의 규모는 1:6이 아니라 5:5 정도로 유지된다. 결론적으로 나는 반은 가치투자를, 또

반은 가치투자를 위장한 모멘텀 투자를 하고 있는 것이다.

나는 가치투자가 주식시장에서 성공할 수 있는 거의 유일한 방식이라는 것에 조금의 의심도 없으며 그러한 방향으로 가기 위해 노력하고 있다.

"가치투자는 고통스러운 투자법이며 그 고통은 투자의 결과가 아닌 과정에서 오는 것이다"라는 말이 있다. 좋은 말이기는 하지만 이 말을 실행하는 것은 내 능력 밖의 일이다. 나는 내 능력 안에서 이를 해결할 방법을 찾아냈고 그것이 바로 투자 자아를 분열시키는 것이었다. 이른바 변칙 플레이를 하게 된 것이다.

어떤 분야든 정공법이 있다. 변칙 플레이는 정공법을 구사할 능력이 부족하거나 정공법으로는 목표에 도달하기 힘들 때 사용하는 일종의 꼼수다. 결국 최종 승자는 정공법을 제대로 구사하는 자일 확률이 매우 높다. 그래서 변칙 플레이를 하고 있더라도 꾸준히 정공법을 공부해야 한다.

나는 여러 가지 이유로 아직 반 정도만 가치투자를 하고 나머지 반은 꼼수를 부린다. 하지만 최종 목표는 원칙을 지키는 가치투자자가 되는 것이다. 이러한 이유로 계속해서 공부하고 경험을 쌓고 책을 읽는다.

가치투자 따라 하기
혹은 흉내 내기

벤저민 그레이엄이 가치투자의 개념을 처음 주장했을 때, 시장의 효율성을 주장했던 경제학자들은 말도 안 되는 이론이라 치부했다. 내재가치를 믿고 투자한 종목이 시장의 외면을 받아 주가가 연일 하락할 때, 테마 잡주는 미세먼지를 타고 훨훨 날아다니기도 한다. 경험 많은 고수 투자자는 한 종목을 10년 넘게, 10배가 넘는 수익률에도 끝까지 보유하는 엄청난 인내력을 보여주기도 한다.

그레이엄의 《현명한 투자자》를 읽고 내재가치가 주가보다 저평가되어 있는 회사에 투자해야 잃을 가능성 또한 낮아진다는 것을 알게 되었다. 그리고 나는 스스로 가치주와 테마 잡주를 구별하는 능력이 부족하다고 느끼고, 과거의 재무 성과가 좋았던 회사만을 투자 대상으로 삼아보자고 생각해서 퀸트의 개념을 활용하기로 했다.

나는 작은 수익에 흥분하며, 수익이 난 종목을 계속 들고 갈 만한 인내심을 가지고 있지 못하다. 이것은 내 한계지만 평범한 투자자 대부분이 가진 공통점이기도 하다. 하루에 한 끼만 먹고 꾸준히 운동하면 날씬해진다는 사실은 비만인 사람들도 잘 안다. 잘 알지만 실제로 실행하기 힘든 일이 있는 것이다.

좋은 종목을 사서 오랜 기간 보유하는 것이 어떤 사람에게는 무척이나 어려운 일이다. "그 쉬운 걸 왜 못 해?"라고 말하는 가치투자 고수가 있다면, 이미 건물을 가지고 있는 나는 "건물주 되는 게 뭐가 어려워?"라고 반문할 것이다.

나는 나처럼 인내심 부족하고, 멘털 약하고, 종목 분석력 부족한 평범한 사람도 가치투자를 할 수 있는 방법이 없을까를 고민했다. 그 결과 퀀트의 개념으로 내재가치가 있는 회사들을 찾았고, 리스크를 줄이기 위해 분산투자를 했으며, 인내심의 한계를 10% 정도로 정해보았다. 결과는 대성공이었다.

여기서 말하는 대성공은 큰돈을 벌었다는 의미가 아니다. 20년 가까운 세월 동안 한결같이 잃기만 했던 주식 투자 호구가 6년 연속으로 수익을 냈다는 이야기다. 무엇보다 가장 큰 변화는 엄청난 폭락장에서도 투매가 아닌 매수를 하는 자신을 발견했다는 점이다.

이 독특한 경험을 알리는 것은 여전히 주식시장의 호구로 남아 있는 예전의 나 같은 사람들을 돕기 위해서다. 물론 그 도움의 과정에서 책의 인세 등을 통해 이익을 얻는 것은 애덤 스미스의 《국부론》에 서술된 '빵집 주인의 이기심'처럼 반가운 일이다. 그리고 이 책의 서두에서 이미 밝혔듯, 아직 어린 나의 네 아이에게 주식 투자에 대해 내가 느낀 바와 그 노하우를 가르쳐주고 싶기 때문이다.

어떤 사람들은 나의 방식에 공감할 것이고 또 어떤 사람들은 타산지석으로 삼아 자신만의 새로운 방법을 찾을 것이다. '다르다'와 '틀리다'는 같은 의미가 아니다. 나의 주식 투자 경험과 방식이 일반적인 가치투자 방식과 다르다는 것은 인정한다. 하지만 틀리다는 생각은 하지 않는다.

사실 내 솔직한 마음의 소리는 이렇다. '그럼 나같이 인내심 없고 멘털 약한 하수들은 가치투자 하지 말고 스캘핑이나 하라는 소리야?' 경험 많은 고수의 가치투자 방법이 있듯 실력 부족한 하수의 가치투자 방식도 있을 수 있다.

사는 것보다
어려운 일

도박과 주식 투자의 공통점 중 하나는 끊임없이 선택해야 한다는 것이다. 많은 사람이 주식 투자보다 도박이 쉽다고 생각하는 것은 이 선택의 과정과 결과가 매우 간단한 구조이기 때문이기도 하다. 홀에 베팅할지 짝에 베팅할지를 50%의 확률로 선택하고 승리하면 100%의 수익이, 패배하면 100%의 손실이 발생한다.

하지만 이는 모두 착각에 불과하다. 카지노에서 돈을 따기 위해서는 이보다 훨씬 더 복잡하고 어려운 선택을 매분, 매초 매우 치밀하게 해야 하기 때문이다.

바카라처럼 룰이 간단한 게임도 마틴게일인지, 파롤리인지, 켈리인지 등 베팅 전략 하나를 선택하기가 결코 쉬운 일이 아니다. 그럼에도 불구하고 수많은 카지노 호구는 이 복잡한 선택의 과정을 과감히 생략해버린다. 이러한 선택을 해야 한다는 것 자체를 모르기 때문이다.

주식 투자 역시 수많은 선택의 순간이 성패를 좌우한다. 그 수많은 선택 사항 중 난도(難度)가 낮은 것부터 나열해보면 다음과 같다.

1. 주식을 사는 것

2. 익절매를 하는 것

3. 보유하기로 하는 것

4. 손절매를 하는 것

아주 당연하게도 난도가 높은 선택을 잘하는 것이 투자자의 실력을 판가름하는 중요한 기준이 된다.

한 가지 짚고 넘어가야 하는 부분은 '난도'와 '중요도'는 다른 의미라는 것이다. 중요도로만 따져본다면 '주식을 사는 것'이 가장 우선순위일 것이기 때문이다. 또한 '좋은 주식을 사는 것'이라는 매수의 질적 요소까지 포함한다면 난도 역시 가장 높은 일이라 할 수 있다. 지금 따져보고자 하는 것은 단순한 '주식 매수 결정'이다.

그런데 많은 투자자가 간과하고 있는, 중요하면서 난도까지 매우 높은 선택 사항이 하나 더 존재한다. 그것은 바로 '주식을 사지 않는 것'이다. 도박이든 주식 투자든 물욕이 깊이 관계할 수밖에 없는지라 이를 제어하는 것은 대단히 어려운 일이다. 이러한 까닭에 투자 금액의 절대적 크기와 관계없이 투자되어 있지 않은 돈, 즉 현금을 보유하는 일은 매우 어렵다.

시장이 좋아서 사고, 주가가 폭락해서 사고, 여유가 생겨서 사고, 대출이 나와서 사고…. 주식을 사는 행위는 수익이라는 희망을 품을 수 있는 것인지라, 마치 로또를 사지 않으면 기회 역시 사라지는 것처럼 참기 힘든 유혹임에 틀림없다.

달러에 투자할 경우 사지 않는 행위가 주식 투자를 할 때보다 더 어렵다. 주식 투자는 사지 않고 기다리는 것이 달러 투자에 비하면 훨씬 쉽다. 사지 못하면 다른 것을 사면 되기 때문이다. 달러 투자는 유일한 하나의 종목에 '사느냐, 마느냐'의 결정만 존재하기에, 사지 못하면 수익의 기회가 영영 사라진다. 이 때문에 사고 싶은 유혹은 감당하기 힘들 정도로 크다.

2018년 하반기 달러 가격은 1,100원과 1,140원 사이에서 박스가 형성되어 있었다. 달러 가격의 박스는 너무나도 견고해 잘 무너지지 않기 때문에 등락 예측은 불가능하지만, 하방과 상방의 범위는 어느 정도 예측이 가능하다.

이러한 경우 확률적으로만 보아도 1,120원 이하에서 매수하는 것이 유리하다는 것을 어렵지 않게 알 수 있다. 하지만 이 모든 것을 알던 나조차도 1,130원 이상에서 용감하게 매수하는 어처구니없는 경우가 매우 많았고, 매번 돌아오는 것은 후회뿐이었다.

나는 '달러를 사지 않는 행위'를 위해 많은 고민을 했다. 하지만 물욕이라는 것은 너무나도 강해서 해결이 쉽지 않았다. 그러던 중 좋은 방안 하나가 떠올랐다. 바로 발상의 전환이었다.

미국인의 입장에서는 자국 화폐, 즉 달러를 보유하는 것은 투자 행위가 아니다. 만약 미국인이 원화를 매수한다면 투자 행위로 볼 수 있을 것이다. 원화를 투자 대상으로 보는 미국인이라면 그 역시 내가 그러했던 것처럼 '원화를 사지 않는 행위'가 무척이나 견디기 힘들 것이다.

달러를 사는 것이 투자 행위인 내가 볼 때 원화를 사지 못해 안달이 나 있는 그 미국인의 행동은 이해하기 어렵다. 나는 여기에서 한 가지 힌트를 얻었다. 매수했던 달러를 모두 매도한 후에는 스스로 미국인이 되어 원화를 투자 대상으로 보는 것이다.

달러 보유량이 많을 때는 한국인 투자자로서 달러의 가치 상승을 기다리면 될 것이고, 반대로 원화 보유량이 많을 때는 미국인 투자자로서 원화의 가치 상승을 기다리면 될 일이었다. 결론적으로 나의 투자 자금은 어떠한 경우에도 항상 100% 투자되어 있는 셈이다.

나는 이 개념을 주식 투자에도 활용해보기로 했다. 주식을 사지 않은 채 보유하고 있는 현금은 투자되어 있지 않은 돈이 아니라 '현금이라는 투자 대상'에 투자한 돈으로 생각하는 것이었다.

많은 사람이 재테크로서 투자를 시작하는 것은 '투자 자산으로서의 현금'이 매우 위험한 자산임을 인지했기 때문일 것이다. 통화량 증가로 인한 인플레이션은 화폐 가치를 매년 물가 상승률만큼 하락시킨다. 따라서 물가 상승률 이상의 수익을 얻지 못하는 투자는 그대로 손실이 된다.

이러한 관점에서 볼 때 현금을 그대로 방치할 경우의 수익률은 연평균 마이너스 2~3% 수준이다. 이는 곧 현금에 투자하는 것은 연 2~3% 수준의 거래 비용이 드는 행위라는 의미다. 또한 예금 등의 기대 이자 수익률까지 고려한다면 연 5% 정도의 손실을 안고 시작하는, 매우 불리한 투자 행위라고도 할 수 있다.

하지만 이는 어디까지나 1년간의 비용인지라 한 달 정도로 줄여서 보면 월 0.4% 정도에 불과하다. 현금을 쥔 상태에서 가격이 하락하기를 기다리던 관심 종목이 한 달 이내에 0.4% 이하로 떨어지기만 해도 공매도를 한 것 같은 효과를 얻을 수 있다. 현금에 투자하는 것 역시 충분한 가치를 발생시킬 수 있다고 판단하게 된 것이다.

나는 이러한 생각을 통해 주가가 오르면 오르는 대로, 내리면 내리는 대로 모든 투자 자산을 100% 활용할 수 있게 되었다. 내 머릿속에는 현금 비중 50%라는 말 대신 현금 투자 50%라는 말이 각인되어 있다.

싸게 사는 것과
싸구려가 된 것

'구스다운 90% 세일!' 단번에 눈길을 끄는 강렬한 디스카운트 알림 현수막에 이끌려 매장 안으로 들어섰다. 한눈에 봐도 따뜻해 보이는 패딩은 상태가 매우 좋았으나 선뜻 지갑을 열기가 쉽지 않았다. 초여름이었기 때문이다.

한겨울에나 필요한 패딩을 여름에 팔려고 하니 90% 정도는 할인해야 겨우 재고 처리가 가능했던 모양이다. 그렇다면 이 패딩은 본질적으로 '싼 것'일까, 아니면 '싸구려가 된 것'일까?

내재가치만 놓고 본다면 체온 유지와 방한이라는 패딩 본연의 기능을 수행하는 데는 큰 변화가 없다. 시기적인 문제가 있었을 뿐, 그것은 '싸게 살 수 있는 기회'임이 분명했다. 나는 지갑을 열었다.

하지만 함께 간 와이프는 달라서 끝내 지갑을 열지 않았다. 디자인에서 신상품 대비 포기할 것이 많다고 판단했기 때문이다. 그에게 패딩의 본질적 가치는 '디자인과 남의 눈'이니, 한마디로 '싸구려 제품'일 뿐이다.

주가가 폭락했을 때도 투자자는 위와 같은 선택의 기로

에 서게 된다. 시장이 좋지 않은 상황이거나 경기 순환 주기에 따라 주가가 움직이는 종목의 주가가 폭락할 때, 나는 그것을 시기의 문제로 보고 '가격이 싸진 것'이라 인식한다.

신나게 지갑을 여는 것은 당연한 일이다. 여름 세일은 금세 지나갈 것이고 엄청나게 높은 확률로 비싸게 팔 수 있는 겨울이 올 것이 분명하기 때문이다. 이는 아주 손쉽게 안전마진을 확보할 좋은 기회다.

반면 전반적인 시장 상황이 좋은데도 나 홀로 폭락하는 종목은 경계할 필요가 있다. 그 종목은 '싸진 것'이 아니라 '싸구려가 된 것'일 수도 있기 때문이다.

더 조심해야 하는 것은 세일 기간을 틈타 싸구려가 되는 종목이다. 이 경우 싸진 것과 싸구려가 된 것을 구별하기가 힘들 수 있다. 이는 백화점 정기 세일 중 끼워 파는 재고 처리 상품 같은 것이다.

나는 종합주가지수 하락을 백화점 정기 세일에 견주어 생각한다. 예를 들어 지수 1% 하락은 30%, 2% 하락은 40%, 3% 하락은 50% 정기 세일이라고 보는 식이다.

세일 기간 싸구려 주식을 사지 않기 위해서는 평소에 좋은 회사를 찾아 관심 종목에 넣어두는 노력이 필요하다. 일종의 위시 리스트, 곧 '장바구니에 담아두기'라 할 수 있는데, 아무런 준비 없이 폭탄 세일 매장에 가서 불필요한 물건까지 사는 상황을 방지하기 위해서다.

많은 사람이 좋은 물건을 싸게 사기 위해 백화점의 정기 세일을 기다린다. 미국의 블랙 프라이데이에 직구를 하는 것도 이러한 행위에 포함된다. 하지만 비교적 큰돈을 쓰게 되는 주식 투자에서는 정기 세일 같은 것은 없다고 생각하며 아무 때나 기분 내키는 대로 주식을 산다.

정기 세일은 말 그대로 정기적으로 찾아온다. 환율이 오르면 원자재 가격이 상승하고 이는 채권 가격의 상승을 불러와 주가 상승으로 이어지는 경제 순환 현상은 예전에도 그랬고 앞으로도 그러할 것이다. 투자자가 마땅히 해야 할 일에 '사지 않고 기다리는 것'을 포함해야 하는 이유다.

제아무리 90% 폭탄 세일의 기회가 찾아오더라도 '현금'이 없다면 잡지 못한다. 주식은 사놓고 기다려야 하지만, 사지 않고도 기다려야 한다.

주식시장에는
대목이 있다

설, 추석, 크리스마스, 연말연시, 졸업, 입학, 블랙 프라이데이, 광군제, 어린이날, 어버이날, 빼빼로데이, 밸런타인데이, 화이트데이⋯. 유통업에 종사하는 사람들에게 가장 바쁜 날들이다. 'The rush'는 '대목'의 영어 표현으로 가장 바쁜 날, 경기가 활발한 시기를 뜻한다. 대목이라는 것이 우리나라에만 있는 것은 아니다.

폭락장이 좋은 주식을 싸게 매수할 수 있는 시기인 것과 마찬가지로 폭등장은 주식을 그 본연의 가치에 프리미엄을 듬뿍 얹어 더 비싸게 팔 수 있는 대목이다. 많은 투자자가 폭락장에서는 뇌동 매도를 하고 폭등장에서는 뇌동 매수를 한다. 오르는 종목은 왠지 더 오를 것 같다는 생각 때문이다. 이는 대목에 수요가 급증하는 것과 같은 이치이기도 하다.

폭락장에서 주식의 내재가치보다 싸게 사는 것이 가능하듯, 폭등장에서는 내재가치보다 비싸게 파는 것이 가능하다. 이러한 주식 대목은 잘못 매수한 종목을 재고 처리하기에도 좋은 시기다. 정기 세일에서 끼워 팔기에 당해 잘못

산 주식을 처분할 기회가 열리는 것이다.

하지만 평소에 잘못 산 것을 후회해오던 주식이 폭등하게 되면 '어? 이 회사 사실은 좋은 회사였던 걸까?' 생각하는 투자자도 많다. 주식 투자 호구들은 보통 이런 상황에서 예전에 조금밖에 사지 못한 것을 후회하며 물량을 더 늘린다. 이렇게 판에 박은 듯 똑같이 잘못된 선택을 반복한다. 사야 할 때 팔고 팔아야 할 때 사는 것이다.

싸게 사서 비싸게 팔라 했는데 많은 투자자는 싸게 사는 것에만 집중하고 정작 비싸게 파는 것은 소홀히 한다. 하락은 시장과 기업 탓이지만 상승은 자신의 투자 실력과 안목이라 생각하는 것이다.

폭등장에서 '비싸다'라는 말은 장기 투자 등으로 주가가 많이 오른 경우도 포함되지만 현실적으로는 본연의 가치보다 가격이 더 높은 경우를 의미한다.

좋은 주식에 장기 투자하는 것은 가치투자의 개념에서 가장 현명한 선택이다. 하지만 '좋은 주식'이라는 개념은 너무나도 주관적인 판단과 선택이 개입되는지라, 그것이 '나쁜 주식'이라고 결정되는 순간 투자금과 시간을 모두 날리게 된다.

따라서 대목은 내가 산 주식이 '좋은 주식이 아니었을 가능성'에 대한 리스크를 헤지^{hedge}하는 날로 활용하는 것도 좋다.

기업 내재가치의 변화 없이 발생한 주가 상승은 말 그대로 보너스에 불과하며 언젠가는 원래의 주가로 돌아갈 가능성 또한 높다. 주가가 회사의 내재가치에 수렴한다는 것은 상승뿐 아니라 하락으로도 수렴한다는 사실을 잊지 말아야 한다. 이러한 이유로 폭등장이라는 좋은 기회를 그냥 흘려보내는 것은 효율적이지 않다.

나는 이렇게 좋은 기회를 만나면 분할 매도로 대응한다. 그리고 며칠 지나지 않아 비슷한 규모의 물량을 더 낮은 가격에 다시 매수하는 경우가 대부분이다.

쫄리는데 쫄지 말라니?
공포의 '저스트 텐 미닛'

나는 손절매를 절대로 하지 않는다. 이 원칙을 세운 지가 벌써 6년이 다 되어가는데, 놀랍게도 지금까지의 상황은 '아무런 문제도 없었다'. 자칫 몇 년씩 걸리는 강제적 장기 투자를 하게 되는 종목이 몇 개는 생길 거라 예상했지만 아주 다행스럽게도, 적어도 현재까지는 그러한 일이 발생하지 않았다.

물론 현재 손실을 기록 중인 종목도 수두룩하지만 최초 매수일에서 1년 이상 손실을 보고 있는 종목은 많지 않으니 '성공적'이라 해도 될 듯하다.

나는 "10년간 보유할 생각이 없다면 단 10분도 보유하지 말라"라는 버핏의 조언을 내 멋대로 해석해 '10년 정도는 손절하지 않고 버틸 수 있는 종목만 사자'는 단순무식한 전략을 세웠다. 주식 투자자에게 가장 중요한 자질이라고 할 수 있는 기계적 손절을 아예 하지 않겠다는 생각은 매우 위험하다는 것을 부정하지는 않는다.

약 8년 전 내 연간 계좌 수익률은 -75%였다. 놀랍게도 이 중 대부분의 손실은 단 몇 분 만에 벌어진 것이었다. 작전이 진행 중인 종목을 동료에게 추천받았고, 엄청난 속도로 상한가를 향해 달려가는 것을 본 나는 기회를 놓칠세라 과감하게 '신용, 미수, 몰빵'의 호구 3종 세트로 시장가 매수를 실행했다.

하지만 주가는 마이너스의 손인 내가 매수하기를 기다리기라도 한 듯 곧바로 하락 반전했고, 하한가를 향해 떨어져 내리기 시작했다. '절대 쫄지 말자'라는 마음의 소리를 뒤로한 채 내 손가락은 이미 전량 시장가 매도를 눌렀고, 그렇게 단 몇 분 만에 내 투자 자금 대부분이 허공으로 사라져버렸다.

하지만 이것은 시작에 불과했다. 주가는 드라마틱하게 다시 상승 반전해 불기둥을 내뿜었고, 아차 싶었던 나는 다시 풀 레버리지 매수를 단행했다. 카지노에서나 읊조리던 '왜 슬픈 예감은 틀린 적이 없나'라는 노래 가사처럼 주가는 다시 곤두박질쳤고, 나는 다시 '하한가만은 피해보자'라는 생각과 함께 전장의 이슬로 사라져갔다.

그날 그 주식은 나를 비웃기라도 하듯 보기 좋게 상한가로 마감했고 그날 이후로도 무려 3일 동안 상한가를 기록했다.

얼마의 시간이 흘렀고 주식 투자에 대해 공부하며 책을 100권쯤 읽은 후 나는 그때의 그 상황을 복기해보았다. '만약 지금의 나라면 쫄지 않고 버틸 수 있었을까?' 안타깝게도 내 대답은 여전히 '아니요'였다. 욕구를 억제하기 힘들듯 공포 또한 이겨내기 어렵다.

나는 공포의 근원이 무엇인지 생각해보았다. 결론은 '공포는 투자 대상에 대한 불신에서 비롯된 것'이라는 사실이었다. 그 주식이 삼성전자였어도 그토록 쫄았을까? 물론 유리 멘털이기에 많이 쫄았겠지만 그렇게 어처구니없는 매매를 할 정도로 무지막지하게 쫄지는 않았을 것이다.

내 주식 투자 실력 중 전혀 늘지 않았고 앞으로도 늘어날 가능성이 전혀 없는 것은 '쫄지 않는 멘털'이며, 많이 늘었고 앞으로도 노력을 통해 더 늘어날 수 있는 것은 '쫄지 않을 종목을 찾아내는 능력'이다.

속지 않는 방법?
속지 않을 노력!

분식회계는 재무 성과를 회사의 내재가치 판단 근거로 삼는 가치투자자에게 큰 함정이 된다. 이런 일이 터질 때마다 사람들은 속지 않을 방법을 고민한다. 그러고는 얼마 지나지 않아 더 고도화된 방식을 사용한 분식회계 회사에 당하고, 또다시 속지 않을 방법을 고민한다.

속이려는 자는 항상 속는 자 위에 있다. 속는 자가 없었다면 속이는 행위 역시 미수에 불과했을 것이기 때문에 속이는 것은 100% 가능하다는 논리로 귀결된다.

그렇다면 속지 않는 현명한 투자자가 되려면 어떻게 해

야 할까? 막 떠오르는 것은 속을 가능성이 적은 회사에만 투자하는 것, 만약 속는다 하더라도 큰 위협이 되지 않게 분산투자를 하는 것 정도다. 3월 감사 보고서 제출 시즌에 주식 투자 비중을 줄이는 방법도 있지만 현실적이지 않거니와 미봉책에 불과하다.

숫자는 편리하지만 고치거나 속이기 쉽다. 숫자에 0 하나를 추가하는 것만으로도 결과는 크게 달라질 수 있다. 하지만 문자는 상대적으로 복잡하고 속이는 것 또한 비교적 쉽지 않다.

예를 들어보자. "레트로 문화의 확산으로 피처폰 부품 수요가 증가해 스마트폰 부품 수요는 감소했는데도 불구하고 매출은 전년 동기 4%가량 상승했다." 사업보고서에 나와 있는 이 내용이 믿어지는가? 4%라는 것은 확인이 불가능할 정도로 속이기 쉽고 속기도 쉽다. 하지만 '피처폰 부품 수요의 증가' 대목은 고개를 갸웃하게 하기에 충분하다.

안타깝게도 속지 않는 방법은 없다. 속지 않기 위한 노력만 있을 뿐이다. 재무 성과 부풀리기는 어떻게 알아볼 수 있을까?

지금으로부터 10년도 더 된 오래전 이야기다. 영화가 제작되면 제일 먼저 극장에서 상영하고 그다음 비디오와

DVD, 인터넷 상영으로 이어지는 것이 일반적인 시절이었다. 새로 출시한 인기 영화의 DVD 타이틀을 빌리기 위해 집에서 멀리 떨어진 대여점을 찾아가는 수고를 마다하지 않았지만, 신작은 언제나 VIP 단골 고객의 몫이었고 내 손에는 유행 지난 구작 영화가 들려 있기 일쑤였다.

나는 리모컨 버튼만 누르면 집에서 편안하게 TV로 최신 개봉 영화를 볼 수 있는 날이 언젠가는 오지 않겠느냐며 TV 기반 VOD 서비스를 기획했다. 그때 예상한 5년 후의 목표는 비디오시장 점유율 5%였다.

당시 영화의 부가 판권을 구매해 이를 IPTV에 서비스하는 업무도 함께 수행했던 나는 경쟁 서비스가 점점 늘어나면서 영화의 부가 판권 가격이 점점 오르는 것을 보았고 앞으로도 계속해서 오를 수밖에 없다고 생각했다. 그리고 그간 일종의 소매로 필요한 부분만 쪼개서 사 오던 부가 판권을 통으로 확보해 도매와 소매를 같이 해야 한다고 주장했다.

이 의견은 어렵지 않게 받아들여졌고 본격적인 영화 부가 판권 유통 사업을 시작하게 되었다. 결과는 어땠을까? 한마디로 대성공이었다. 일종의 소매업을 도매업으로 바꾸는 것만으로 매출 규모는 전과는 비교도 되지 않을 만큼

커졌고 그에 따른 영업이익도 비례해 증가했다. 1년 후 우리 팀은 전체 30여 개 팀 중 성과 점수 1등으로 두둑한 보너스 성과급까지 챙길 수 있었다.

하지만 행복은 그리 오래가지 않았다. 그 성과는 잘못된 계산으로 빚어진 것이었기 때문이다. 물론 불법이나 분식, 꼼수나 편법으로 인한 것은 아니었고 '지나친 일반화의 오류' 정도의 사소한 문제에서 비롯되었다.

영화 판권 투자가 처음이었던 탓에 콘텐츠 자산을 회계적으로 어떻게 처리할지가 논의 대상이 되었고, 회계법인의 조언에 따라 기존의 장비나 소프트웨어 자산처럼 5년 감가상각으로 비용을 처리했다.

하나의 플랫폼에서만 사용 가능한 영화 부가 판권의 가격이 1억 원이고, 그 영화를 서비스해 1억 2,000만 원의 수익을 얻게 된다면, 매출 1억 2,000만 원에 비용은 1억 원이기 때문에 이익은 2,000만 원이 된다.

하지만 다섯 개의 TV 기반 플랫폼을 비롯해 그 외의 모든 부가 서비스 플랫폼에서 사용이 가능한 영화 부가 판권을 확보하는 경우 가격은 5억 원이 되고, 이 영화를 내부 플랫폼은 물론 다른 서비스 플랫폼에도 유통하면 매출은 6억 원 정도가 된다.

그런데 비용은 5년 감가상각을 하기 때문에 연간 비용은 5분의 1인 1억 원으로 책정된다. 매출은 6억 원인데 비용은 1억원이니 이익은 5억 원이 된다.

영화 콘텐츠의 특성상 신작일 때의 가치와 구작일 때의 가치는 차이가 커서 서비스 1년 차에 전체 수익의 80% 이상이 몰리는데, 비용은 5년간 균등하게 나누는 형태이기에 이러한 현상이 발생한 것이었다.

결국 우리는 사업 2년 차에 1년 차 때 투자한 영화 판권 비용까지 보전하기 위해 더 큰 규모의 자금으로 더 많은 영화 판권을 사들여야 했다. 그리고 마틴게일의 저주처럼 매년 규모는 커져만 갔다. 외형적으로는 엄청나게 성장하는 것처럼 보였지만 폭탄 돌리기를 하듯 투자 규모의 증가가 멈추는 날 모든 것이 터져버릴 것 같은 위기가 다가오고 있었다.

아주 다행스럽게도 전혀 예상치 못했던 'OTT시장'에서 새롭고 강력한 영화 콘텐츠 수요가 생겼고, 확보한 수많은 콘텐츠가 규모의 경제와 독점적인 경쟁력을 만들어내는 기막힌 '운빨'이 작용했다. 폭탄이 터지지 않고 더 좋은 사업 기회를 얻는 것으로 '해피하게' 마무리할 수 있었다.

나는 이 일을 통해 회사의 재무 성과는 의도적이든 단순한 오류에 의해서든 충분히 부풀려질 수 있다는 것을 알게 되었고, 투자를 위해 회사의 재무 성과를 검토할 때도 '갑작스러운 매출 증가나 영업이익 상승' 같은 것은 원인을 꼼꼼하게 살펴보게 되었다. 아는 만큼, 겪은 만큼 보였다.

주식 투자는 숨겨야 하는 일일까?

주식 투자에 대해 편견을 가진 사람들 때문에 가족 몰래 주식 투자를 하는 사람이 많다. 주식 투자 계좌를 들키지 않는 이상 '발각'될 일은 없겠지만, 이렇게 몰래 하는 사람들에게 3월은 잔인한 달이 될 수도 있다.

정기 주주총회 참석 우편물은 부부싸움의 시발점이 되기도 한다. 퇴근 후 아무 생각 없이 집에 들어서는데 심각한 표정을 한 아내가 우편물 하나를 바닥에 놓고 살벌한 눈빛으로 바라보는 상황은 생각만 해도 끔찍하다.

그런데 나는 "도대체 왜?"라는 질문을 던지고 싶다. 주식 투자는 절대로 도박이 아니다. 자본주의 시스템하에서 자본가가 될 수 있는 가장 안전하고도 손쉬운 방법이다. 자본주의 세상에서 주식 투자는 '하면 좋은 일'이 아니라 '꼭 해야 하는 일'이다.

일반적으로 여성보다 남성이 주식 투자를 더 많이 한다. 경제 활동에서 남성은 '생산'이라는 조금 더 공격적인 마인드를 가지고 여성은 상대적으로 '소비와 절약'이라는 방어적인 마인드를 가지기 때문이다.

주식 투자는 돈을 만들어내는 생산의 영역에 가까운 경제 활동인지라, 소비와 절약의 영역에서 본다면 위험성 때문에 꺼려질 수밖에 없을 것이다. 그러나 이제 투자자에서 여성이 차지하는 비중이 점차 늘고 있다.

모든 오해와 갈등은 사실 '금융 문맹'에서 비롯된다. 자본주의를 제대로 알지 못하기 때문에 주식 투자의 중요성 또한 잘 이해하지 못하는 것이다. 경제적 풍요로움은 가정을 지키는 근간이 되는 매우 중요한 요소다. 부부는 이를 위해 같은 목표를 가져야 한다.

이러한 측면에서 남성이든 여성이든 주식 투자에 앞서 해결해야 하는 문제는 바로 배우자를 설득하는 것이다. 몰래 하는 주식 투자는 성공하기 어렵다. 지금 당장 배우자의 금융 문맹을 해소하도록 노력해야 한다.

수익의 규모와 수익률의 크기, 무엇이 더 중요할까?

주식 투자 유튜브나 주식 커뮤니티에는 자신의 투자 계좌를 당당하게 오픈하는 투자자가 많다. 어떤 투자자는 수익률만 공개하고, 어떤 투자자는 투자금 규모와 수익 규모까지 모조리 공개한다. 그야말로 억 소리 나는 투자 규모에 깜짝 놀라기도 하고, 세 자릿수 투자 수익률을 볼 때면 왠지 가슴이 두근거리기도 한다.

여러 가지 이유로 수익률만 공개하는 경우 어김없이 이런 댓글이 달린다. "주식 투자에서 수익률은 중요하지 않다. 수익금의 크기가 중요하다."

어찌 보면 이해가 간다. 그런데 정말 수익률은 중요하지 않을까? 은행의 이자 수익률은 연 3~4% 수준이다. 은행에 100만 원을 투자하나 1,000만 원을 투자하나 1,000억 원을 투자하나 수익률은 변하지 않는다.

수익금의 크기는 수익률에 따라 투입한 자본의 규모에 정확하게 비례한다. 부동산 투자 역시 이와 비슷한 구조를 지닌다. 5억 원 아파트 한 채의 월세 수익률이 4~5% 수준이지만, 같은 위치의 같은 아파트 기준 100채의 월세 수익률도 똑같이 4~5%다. 이는 투자 대상의 수익률이 투자 규모에 따라 변하지 않는다는 것을 보여준다.

그런데 신기하게도 주식 투자자들에게는 이러한 투자 원칙이 잘 통하지 않는다. 100만 원으로는 월 20% 수익률 달성이 어렵지 않다고 하면서도 1억 원으로는 같은 수익률 달성이 불가능하다고까지 말한다. 투자 대상의 본질이 변하지 않았음에도 기대 수익률이 달라지는 신기한 현상이 벌어지는 것이다.

물론 시가총액과 거래량이 적은 종목에서 호가 몇 개 정도는 날려야 원하는 만큼 매수할 수 있는 대규모의 집중투자라면 예외가 될 수 있다. 하지만 일반적인 규모의 투자를 하는 개인 투자자에게 100만 원을 투자할 때와 1억 원을 투자할 때의 기대 수익률이 다르다는 것은 무엇인가 문제가 있다.

수익의 규모를 늘리기 위해서는 투자금의 규모를 늘리든 수익률을 높이든 둘 중 하나가 성립되어야 한다. 하지만 투자금의 규모가 늘어남에 따라서 기대 수익률이 낮아진다면 결국 리스크만 커질 뿐, 수익의 규모는 늘어나지 않을 것이다. 투자 규모에 따라 수익률이 달라지는 상황을 해결하지 못한다면 결국 주식 투자로 큰돈은 벌지 못한다는 의미가 된다.

　나의 주식 투자금은 현재도 규모가 늘어가고 있고 앞으로도 계속해서 늘려갈 계획이다. 나는 투자 규모가 커질수록 기대 수익률을 낮추는 바보 같은 짓은 하지 말아야 한다고 생각했고, 기대 수익률을 일정하게 유지할 수 있는 시스템을 구축하기로 했다.

　내가 찾은 방법은 분산투자였다. 하나의 종목에 투자 상한선을 두었고, 투자 규모를 늘려야 할 때는 또 다른 종목을 발굴하는 방식을 이용했다. 집중투자의 강점과 장점을 모르는 바 아니었고 내가 존경하는 가치투자자들 또한 하나같이 집중하기를 조언했다. 하지만 나는 그들처럼 똑똑하지도, 인내심이 강하지도 않다는 것을 인정했기에 나만의 방식을 찾기로 한 것이다.

　내가 고안한 세븐 스플릿 투자 시스템에 따라 1번 계좌로 최초 매수한 종목은 일일이 열거하기 힘들 정도로 많다. 퀀트의 개념을 통해 발굴했으나 아직 매수하지 않은 관심 종목 역시 상당히 많은 편이다.

　그리고 최초 매수 후 주가가 하락해 2번, 3번 계좌로 추가 매수한 종목은 투자 자금이 커졌기 때문에 사업보고서 검토 등을 통해 향후의 주가 하락에 어떻게 대비해야 할지를 고민한다.

이 일련의 과정은 너무나도 효율적이어서, 투자 비중이 적은 종목에는 기계적 대응을 하게 되었고 투자 비중이 커진 종목에는 집중투자를 하게 되었다. 이른바 선택과 집중이 가능해진 것이다. 이러한 시스템은 자연스럽게 투자 규모의 증대와 더불어 목표 기대 수익률도 일정하게 유지시키는 효과를 가져왔다.

나는 현재 1회 매수 시 투자 금액의 상한액을 1,000만 원으로, 1개 종목당 총 투자 상한액을 5,000만 원으로 정해놓았다. 또한 주식 투자 비중은 총자산의 20%를 넘지 않게 했다. 내가 만약 투자 규모를 지속적으로 늘려 100개 종목에 투자하게 되더라도 규모가 50억 원을 넘는 일은 없을 것이다. 이 상한액은 총자산이 250억 원 이상이 되어야 한다는 전제가 있기 때문에 대단히 여유롭다.

투자 규모를 키우고 싶다 하더라도 별문제는 없다. 투자 종목의 수를 늘리면 되기 때문이다. 버핏의 연간 수익률이 22% 정도라는 것을 알면서도 '그는 투자 규모가 크니까 그런 것이고 나는 투자금이 작으니까 50% 이상은 기대해야지'라고 생각하는 것은 어쩌면 오해와 착각에 불과할지 모른다.

수익금 규모가 아무리 커져도 변하지 않을 나의 목표 수익률은 15%다. 이는 저축은행 정기 예금 수익률의 4배, 부동산 임대 수익률의 3배이며 복리의 마법이 가동되면 5년 만에 투자 원금이 두 배가 된다. 버핏의 연평균 수익률을 넘어서지도 않는데 말이다.

　나는 수익금의 규모보다 지속 가능한 수익률 확보에 방점을 찍는 투자를 하기로 했다.

5장

세븐 스플릿
실전 투자 전략

'미스터 마켓'을 무력화하는
'미스터 인베스터'

나는 전체 주식 투자 경력 23년 중 17년 이상을 초보 투자자로 머물러 있었다. 가까스로 초보 투자자를 벗어날 수 있었던 비결은 아래와 같다.

1. 책을 통해 투자의 대가들로부터 좋은 투자철학을 전수받는다.
2. 회사의 내재가치를 분석하는 능력을 키워 잃지 않을 안전한 회사에 투자한다.
3. 나약한 멘털과 인내심을 보완할 나만의 투자 시스템

을 구축해 거래한다.

　이 중 1번과 2번은 대부분의 가치투자자들이 노력하고 있는 것인데, 유독 3번은 가치투자와 상반되는 개념으로 오해하며 트레이딩 취급을 해버린다. 많은 고수 투자자는 이것을 시간과 경험으로 해결했을 것이다. 나는 이것을 세븐 스플릿, 즉 7분할 계좌 매매라는 일종의 시스템으로 통제하고자 했고 그간 유의미한 성과를 얻었다.

　세븐 스플릿은 주식 거래 계좌를 7개로 나누는 것에서 시작한다. 하지만 이 단순한 행위가 주식 투자의 과정과 결과에 끼친 영향은 실로 대단했다. 가치투자와 이음동의어로 사용될 만큼 중요한 장기 투자를 가능하게 했을 뿐 아니라 주가 하락 상황에서도 현금이 창출되는 단기 트레이딩도 가능하게 했다. 또한 주식 투자에서 절대로 기대해서는 안 되는 마켓 타이밍의 고수가 되게 하기도 했으며, 주가의 상승과 하락에 일희일비하지 않는 강인한 멘털을 갖게도 해주었다.

　이 모든 변화들은 물리적으로 나누어진 주식 계좌를 시스템을 통해 통제하면서 투자 자아를 분열시키는 것으로 가능했다.

내가 지금부터 전하고자 하는 세븐 스플릿 실전 투자 전략은 일종의 가이드에 불과하다. 개인마다 투자 실력은 물론 주식 투자를 통한 목표 수익률과 기대 수익률이 다르고 투자 성향과 인내심도 다르기 때문에, 이 개념을 이해한 후에는 자신만의 방식으로 바꾸어야 한다는 이야기다.

조금 더 체계적인 실전 투자 전략을 만들어내기 위해 가상의 주식 투자자 '미스터 인베스터Mr. Investor'를 설정했다. 그는 주식 투자 1년 차에 1억 원 이하의 투자 자금을 가지고 있으며 인내력과 멘털 역시 아주 평범한 수준이다.

그레이엄은 주식시장을 '미스터 마켓'이라 불렀다. 미스터 마켓은 매일 매번 다른 가격을 제시하는데 그가 제시하는 가격은 쌀 때도 있고 비쌀 때도 있다. 투자자는 그 가격에 거래할 수도 있고 무시할 수도 있다. 하지만 미스터 마켓은 기분이 수시로 바뀌는 조울증 환자라서 그에게 한번 휩쓸리면 투자자 또한 똑같은 증상을 보일 가능성이 높다.

그런데 시스템의 통제를 받는 미스터 인베스터는 미스터 마켓의 이러한 비정상적인 행위에 동조하지 않는 것은 물론이고 오히려 역으로 이용하면서 수익을 창출할 수 있다. 단, 이를 위해서는 다음과 같은 7개 원칙을 지켜야 한다.

1. 장기 투자 계좌의 투자 자산 비중은 40% 이상으로 유지한다.
2. 레버리지(신용, 미수)는 사용하지 않는다.
3. 장기 투자 계좌의 목표 수익률은 10% 이상으로 정한다.
4. 개별 종목 최초 매수 금액은 해당 계좌 투자 자산의 5% 이내로 정한다.
5. 추가 매수는 이전 계좌 종목 투자 손실률 3% 이상일 때만 한다.
6. 추가 매수 투자금 규모는 최초 매수 투자금과 동일하게 한다.
7. 손절매는 하지 않는다.

첫 번째 원칙

장기 투자 계좌의 투자 자산 비중은 40% 이상으로 유지한다

투자 자아를 7개로 나누기 위해서는 먼저 7개의 주식 계좌가 필요하다. 편의성을 위해 하나의 증권사에서 모두 개설하는 것이 좋다. 한 은행에서 통장을 7개 개설하는 것과 비숫하다고 이해하면 된다.

7개의 주식 계좌를 개설한 후에 할 일은 실전 투자를 위해 각 계좌에 투자 자금을 입금하는 일, 즉 투자 자산 배분이다. 1번 계좌는 장기 투자 계좌로, 나머지 다른 계좌들은 단기 트레이딩 계좌로 사용될 것이다. 1번 계좌에는 전체 투자금의 40%를, 나머지 계좌들에는 60%를 배분한다. 이는 장기 투자 대비 단기 트레이딩의 비율이다.

앞에서도 이미 언급했듯 이 비율은 개인의 투자 목표와 성향에 따라 얼마든지 조정 가능하다. 다만 투자 경험이 많지 않은 미스터 인베스터에게는 4:6 정도가 알맞을 것이라 생각한다. 조금 더 구체적으로 안내하자면 다음과 같다.

장기 투자 계좌의 투자 자산 배분 비중은 40% 이상을 권장하며 30% 이상은 필수적으로 설정해야 한다. 장기 투자 계좌의 '장기'는 투자 기간을 의미하지는 않는다. '장기적인 기간에 따른 수익률'이라고 이해하면 된다.

예를 들어 어느 종목의 연간 목표 수익률이 10%라면 이 종목을 1번 계좌에서 매수했을 경우 1년 동안 투자하거나 10% 목표 수익률에 도달했을 때 수익을 실현할 수 있다는 의미다.

만약 기간이 길어져 1년이 지난 다음에도 목표 수익률 달성에 실패한다면 다시 1년을 더 기다리는 대신 목표 수익률을 20%로 늘리거나, 목표에 도달하지 못했더라도 수익이 발생했다면 그대로 수익 실현을 해야 한다. 또한 매수한 달 만에, 혹은 반나절 만에 10%의 목표 수익률을 달성했다면 그것 또한 적절한 수익 실현의 타이밍이 될 수 있다.

레버리지(신용, 미수)는 사용하지 않는다

자산 배분 시 또 하나 주의할 점은 어떤 경우에도 신용과 미수 같은 레버리지를 사용하지 말아야 한다는 것이다.

모든 투자금은 자신의 현금 100%여야 하고, 단돈 100만 원이라도 짧게는 1년, 길게는 5년까지 출금하지 않아도 되는 여유 자금이어야 한다. 장기 투자 계좌에 쓰는 자금은 물론이고 단기 트레이딩 계좌에 쓰는 자금도 장기로 묶일 수 있기 때문이다. 이는 잃지 않는 안전한 주식 투자의 기본이 될 뿐 아니라 나중에 투자 자금이 늘어날 때를 대비하는 일이기도 하다.

현재의 투자 자금은 부족하지만 급여나 사업 소득 등 매월 발생하는 소득이 존재한다면 자산 배분 방식을 적립식으로 설계하는 것도 좋다.

다만 적립식 투자에도 투자 자산 배분은 최초에 정한 것과 동일하게 적용해야 한다. 예를 들어 장기 투자 계좌와 단기 트레이딩 계좌의 투자 자산 배분을 4:6으로 정했다면 월 100만 원의 적립식 투자 자금 역시 40만 원과 60만 원으로 나누어 각각의 계좌에 동일한 비율로 적립한다.

마이너스 대출 등 최소 3년 이상 상환 연장이 가능한 은행 장기 대출도 투자 자금으로 사용할 수 있지만 가능하면 여유 자금으로 시스템을 구축하는 것이 좋다.

세 번째 원칙

장기 투자 계좌의 목표 수익률은 10% 이상으로 정한다

자산 배분을 마치고 나면 이제 주식 투자를 통해 얻을 기대 수익률 혹은 목표 수익률을 정해야 한다.

내게 장기 투자는 자산 증식이 목표이고 단기 투자는 현금흐름 창출이 목표다. 따라서 미스터 인베스터라면 장기 투자의 목표 수익률을 10% 이상으로 설정하는 것이 좋다. 투자 경력이 많거나 그 이상의 수익률을 달성할 수 있다면 연간 목표 수익률을 조금 더 높게 설정하는 것도 좋다.

또한 종목마다 규모와 미래 성장성이 다를 테니 종목별로 목표 수익률을 정하는 것도 좋다. 다만 명확한 근거 없이 희망 사항으로 정하는 것은 투자에 도움이 되지 않는다. 따라서 투자 경험이 많지 않은 미스터 인베스터에게는 일괄 10% 정도를 권한다.

네 번째 원칙

개별 종목 최초 매수 금액은
해당 계좌 투자 자산의 5% 이내로 정한다

세븐 스플릿은 매매 방법이 아니라 투자 시스템을 구축하는 것이다. 따라서 투자 자금의 규모가 늘어나더라도 목표 수익률이 낮아지는 오류를 최소화하는 것이 중요하다.

장기 투자 계좌 내 투자금 배분에서도 일정한 원칙을 지켜야 한다. 이 원칙은 바로 개별 종목에 최초로 투자하는 자금이 해당 계좌 투자 자산의 5%를 넘지 않는 것이다.

예를 들어 투자금이 1억 원인 투자자가 장기 투자 계좌와 단기 트레이딩 계좌의 투자 자산 배분을 4:6으로 설정했을 경우 장기 투자 계좌의 투자 자산은 4,000만 원이 된다. 이때 이 4,000만 원의 5%인 200만 원이 미스터 인베스터가 하나의 종목에 투자할 수 있는 최대 금액이다.

이는 분산투자에서 중요한 원칙일 뿐 아니라 향후 단기 트레이딩 투자 자산을 효율적으로 집행하기 위해서도 매우 중요하다. 세븐 스플릿은 기본적으로 1번 계좌에서 투자한 종목의 주가가 일정 비율을 넘어 하락할 때 6회까지 추가 투자하는 방식으로 구성된다. 따라서 최초 매수 주식 규모가 지나치게 크면 이후 추가 매수에 영향을 준다.

다섯 번째 원칙

추가 매수는 이전 계좌의 종목 투자 손실률이 3% 이상일 때만 한다

세븐 스플릿 투자 시스템의 추가 매수는 이른바 물타기와 전혀 다른 개념이다. 물타기는 이미 매수한 종목이 하락했을 경우 평단가를 낮추기 위한 것이지만, 세븐 스플릿의 추가 매수는 '좋은 종목을 더 싸게 사는 것'이다.

1번 계좌에서 100만 원을 투자해 최초 매수한 종목의 주가가 5% 이상 하락했을 경우, 2번 계좌의 투자 자아는 1번 투자 자아가 산 가격보다 5% 싸게 해당 종목을 매수할 기회를 얻은 것이라고 생각하면 된다. 따라서 평단가를 낮추기 위해 최초 매수한 물량보다 더 많은 돈을 투자할 이유가 전혀 없다.

마찬가지로 2번 계좌에서 해당 종목의 주가가 5% 추가 하락했을 때 3번 계좌의 투자 자아는 1번 계좌의 투자 자아보다 무려 10%나 싸게 좋은 주식을 가지게 되었다고 생각하면 될 뿐이다.

하나의 계좌로 주식을 거래하다 보면 '좋은 주식을 전보다 싸게 샀으니 괜찮다'라는 생각과 '주가가 떨어져 손실이 발생했다'라는 생각이 충돌한다. 하지만 계좌 분할을 통해 거래할 경우 철저하게 새롭게 등판하는 투자 자아의 입장만 고려하면 되기 때문에 마인드 컨트롤이 저절로 되는 신기한 경험을 할 수 있다. 1번과 2번 계좌의 투자 자아에게는 슬픈 일이지만 3번 계좌의 투자 자아에게는 좋은 기회인 것이다.

이는 나중에 익절매를 하는 상황에서도 동일하게 작용한다. 3번 계좌의 투자 자아가 추가 매수를 한 뒤 3%의 주가 반등이 일어난 경우 1번과 2번 계좌의 투자 자아는 여전히 손실 상황에서 괴로워하고 있겠지만 3번 계좌의 투자 자아는 3%의 수익을 감사하게 생각하며 과감한 익절매를 할 수 있다.

이러한 상황이 발생하는 순간 미스터 마켓은 미스터 인베스터의 손아귀에 들어오게 된다. 이제 주가는 올라도 좋고 떨어져도 좋은 상황이 되기 때문이다. 미스터 인베스터는 어떤 주가 변동에도 별다른 동요 없이 투자를 지속할 힘을 얻는다.

여섯 번째 원칙

추가 매수 투자금 규모는
최초 매수 투자금과 동일하게 한다

세븐 스플릿의 기본 원리는 장기 투자 계좌와 단기 트레이딩 계좌를 분리해 운용하면서 두 가지 형태의 투자 장점을 최대한 살리는 것이다. 이 시스템이 수익으로 이어지려면 장기 투자를 인내하기 위한 수익을 단기 트레이딩으로 충분히 보전해야 한다.

이러한 의미에서 단기 트레이딩 계좌는 '수익의 크기'보다 '수익의 실현'에 더 중점을 두는 것이 좋다. 너무 빠르게 추가 투자를 진행해 모든 계좌에서 장기 투자를 하는 일을 방지하기 위해서라도 계좌 간 매수 평단가의 차이는 크면 클수록 안정적이다. 그런데 매수 평단가 차이를 너무 크게 설정하면 단기 트레이딩의 기회를 포착하기가 어려울 수 있기 때문에 개별 종목의 규모나 주가 변동 추이에 따라 효율적으로 조절하는 것이 중요하다.

미스터 인베스터에게 권고하는 계좌별 투자 시점은 다음과 같다. 1번 계좌에서 최초 매수 후 주가가 3% 정도 하락했을 때 2번 계좌의 투자 자아가 매수하고, 2번 계좌의 투자 자아가 5%의 손실을 입었을 때 3번 계좌의 투자 자아가 매수하는 식이다.

많은 주식 투자자는 '박스권'에 갇힌 미스터 마켓을 매우 싫어할 것이다. 아직 수익권이 아닌 가격대에서 주가가 박스권에 갇혀버리면 투자자는 결국 인내심을 잃고 손절매라는 최악의 수를 둘 가능성이 높아진다.

하지만 세븐 스플릿 투자 시스템을 구축한 미스터 인베스터에게는 이 박스권이 수익 실현의 기회다. 6개의 투자 자아 중 적어도 하나의 투자 자아는 자신이 팔면 주가가 내리고 또 자신이 사면 주가가 오르는 최고의 경험을 계속해서 누릴 수 있기 때문이다.

추가 매수 기회가 왔을 때 하나 더 고려해야 할 것은 '추가 매수 여부'다. 이때는 타이밍을 지키지 않아도 된다. 이전 계좌에서 5% 이상 하락하면 추가 매수를 하기로 마음 먹었다고 해서 꼭 그 5%를 지킬 필요는 없다. 타이밍을 맞히지 못해 10% 하락했을 때 추가 매수를 할 수도 있기 때문이다.

종목에 따라, 시장 상황과 이슈에 따라 매수 타이밍을 더 늦춰도 괜찮다. 즉 '이전 계좌의 수익률이 5% 이상 하락하면 추가 매수를 고려하겠다'라고 마음만 먹으면 될 뿐, 꼭 실행할 필요는 없는 것이다.

한마디로 추가 매수를 하는 시점은 원칙에 따라야 하지만 '더 하락하고 나서 살지'와 '아예 추가 매수를 하지 않을지'에 대한 판단은 오롯이 추가 매수의 기회를 얻게 된 투자 자아의 판단일 뿐이다.

1번 계좌의 장기 투자 자아를 제외한 나머지 계좌의 투자 자아들은 '싸게 살 수 있는 기회'와 '사지 않을 권한'을 동시에 가졌다. 이는 주가가 계속 하락하는 상황에서 '사지 않아서 얻는 이익'을 고통 없이 누리는 좋은 방안이 될 것이다.

손절매는
하지 않는다

세븐 스플릿 투자 시스템이 효과적으로 가동되기 위해서는 투자 대상이 달러처럼 안정적인 것이 좋다. 이 전략이 달러 투자에서 비롯된 것이기도 하지만, 달러 자산처럼 하방 경직성이 뚜렷하고 파산할 위험이 없는 회사의 주식과 그 주식의 주가 패턴이 세븐 스플릿의 투자 시스템과 잘 어울리기 때문이다.

버핏의 스승인 그레이엄과 필립 피셔의 투자 성향으로 구분해서 본다면, 성장성을 지닌 회사의 가치를 중요시한 피셔의 투자 방식보다는 저PER과 저PBR 주식처럼 안정적인 재무 성과를 중요시한 그레이엄의 투자 방식이 더 어울린다고 할 수 있다.

세븐 스플릿 투자 시스템이 투자 대상의 발전 가능성보다 재무적 안정성을 더 중요하게 생각하는 것은, 세븐 스플릿이 가동하지 않는 유일한 상황이 바로 '회사가 망하는 경우'이기 때문이다. 지금까지 이 시스템을 사용해온 내 투자 경험에 의하면 분명히 잃지 않는 안전한 주식 투자를 가능하게 한다.

다만 이 시스템이 무력화되는 순간이 있는데 그것은 상장폐지처럼 투자 대상으로서의 가치가 없어졌을 때다. 말을 조금 바꾸면 주가가 장기간 하락하더라도 망하지만 않는다면 수익을 얻을 수 있다는 것이며, 이는 손절매는 절대로 하지 않는다는 마지막 원칙을 뒷받침하는 근간이다.

세븐 스플릿이 알아서
컨트롤해주는 몇 가지 것들

세븐 스플릿은 주식 투자에서 불리한 요소를 많이 가지고 있는 '나'라는 존재를 통제하기 위해 만들어낸 투자 시스템이다. 단순히 잘못된 매매 패턴을 바꾸어보고자 했던 이 작은 시도가 이토록 많은 것을 긍정적인 방향으로 바꾸게 될 줄은 몰랐다. 내가 지금까지 겪은 세븐 스플릿 투자 시스템의 장점을 나열해보면 다음과 같다.

1. 분할 매수: 기본적으로 장기 투자 계좌인 1번 계좌에서 최초 매수한 종목의 주가가 하락해야 그다음 계좌에서 추가 매수가 가능하기 때문에 자연스럽게 안정적인 분할 매수를 할 수 있게 되었다. 추가 매수 투자금 규모는 최초 매수 투자금 규모를 넘어설 수 없다는 원칙으로 인해 뇌동 매매가 원칙적으로 차단되었다.

2. 분할 매도: 손절매를 하지 않는다는 원칙에 따라 주가 폭락은 추가 매수의 기회를 제공할 뿐이다. 폭락장에서 매수하고 폭등장에서 매도해야 한다는 아주 기본적인 투자 원칙을 나 스스로는 도저히 따를 수 없었지만 세븐 스플릿 투자 시스템에서는 아주 자연스럽게 진행되었다.

이에 더해 손절매가 불가능하다는 원칙은 손절매를 할 만큼 확신이 서지 않는 위험한 종목은 자연스럽게 멀리하는 아주 바람직한 종목 선정의 안목도 가지게 해주었다.

3. 현금 비중: 단기 트레이딩 계좌(2~7번)를 통해 특정 주식을 매수하기 위해서는 장기 투자 계좌(1번)에서 최초 매수한 주식이 3% 이상 하락해야 한다. 이 원칙에 따라 현금

이 자연스럽게 확보된다. 주식시장이 하락해야만 추가 매수를 통해 현금 비중이 낮아질 것이고, 주식시장이 상승해야만 수익 실현을 통해 현금 비중이 높아질 것이다. 이는 비쌀 때 팔고 쌀 때 사는 바람직한 주식 투자 패턴을 가능하게 한다.

4. 장기 투자: 앞에서 여러 번 언급한 것처럼 '장기 투자는 좋은 것이고 단기 투자는 나쁜 것이다'라는 개념은 불필요하다. 그저 '목표 수익률을 달성하는 것은 좋은 것이고, 그 수익률을 달성하기도 전에 포기하는 것은 나쁜 것이다'라는 개념만 있을 뿐이다. 목표 수익률을 달성하기 위해서는 많은 시간과 인내가 필요하기 때문에 이를 장기 투자라는 단어로 함축한 것이 아닐까.

투자자로 성공하기 위한 요건 중 하나가 바로 이 시간을 자신의 편으로 만드는 것이다. 이것이 힘든 것은 인내가 필요하기 때문일 것이다. 투자에서 인내는 욕망과 공포를 참아내는 것이라 볼 때, 장기 투자가 가능하려면 어마어마한 내공과 경험이 수반되어야 하는 것은 두말할 나위 없는 사실이다.

이러한 관점에서 세븐 스플릿의 투자 자아 분열은 욕망과 공포를 동시에 제어할 수 있는 좋은 방법이다. 수익 실현이라는 욕망은 단기 트레이딩을 통해 해결하고, 주가 하락에 대한 공포는 추가 매수 여력이 충분한 2~7번 계좌 투자 자아의 존재로 극복하기 때문이다.

5. 분산 가치투자: 가치투자가 어려운 것은 가치투자를 했다고 생각한 투자 대상에 대한 확신이 부족하기 때문이다. 투자 대상에 대한 확신은 종목 분석력에서 나온다. 이는 투자한 회사의 발전 가능성을 예측하는 것인데, 평범한 투자자에게는 무척 어려운 일이다.

이러한 까닭에 가치투자와 집중투자는 보통 궤를 같이한다. 개인 투자자가 여러 종목의 가치를 파악하고 대응해 나가는 것은 물리적으로도 매우 힘든 일이기 때문이다. 이는 종목 분석력이 부족하면 가치투자를 할 수 없다는 의미이며, 가치투자를 하려면 집중투자의 위험에 노출될 수밖에 없다는 의미이기도 하다. 즉 어느 방향으로 보더라도 일반 투자자는 가치투자를 제대로 할 수 없다.

나는 이러한 이유로 가치투자를 분산투자로 할 방안을 고민했고 재무 성과 지표를 바탕으로 한 퀀트, 즉 계량적 가치투자를 시스템으로 통제하게 되었다. 세븐 스플릿은 이 '분산 가치투자'를 가능하게 하는 투자 시스템이다.

6장

한 단계 더 진화된
세븐 스플릿

공개 투자를
시작하다

이 책은 2020년 10월에 출간된 《1타 7피 주식 초보 최고
계략》의 개정 증보판이다. 나는 초판 출간 당시 세븐 스플
릿 투자 시스템을 더 효과적으로 이해시킬 방법이 무엇일
까 고민하다가 '백문이 불여일견'이라는 결론에 도달했고,
종목 선정부터 매수와 매도를 포함한 모든 거래 내역을 날
것 그대로 투명하게 공개하기로 했다.

고백하건대 내가 고수로 알려진 전문가였다면 불가능한
일이었을 것이다. 하지만 평범한 일반 투자자이니 결과가
좋지 않더라도 창피하거나 문제가 될 일은 전혀 없었기에
가능했다.

2020년 11월 2일 율촌화학 매수로 시작된 세븐 스플릿 실전 공개 투자는 2023년 10월 31일까지 총 3년 동안 진행되었다.

다음은 세븐 스플릿으로 공개 투자를 시작하면서 내 블로그에 올렸던 글이다.

'Anyone can cook(야, 너도 요리할 수 있어)!'
전설의 셰프가 한 이 말은 요리사가 꿈인 사람들에게 큰 용기를 줄 것입니다.
하지만 이 말을 '쥐'가 듣고 용기를 낸다면 어떤 일이 벌어질까요?
디즈니 애니메이션 〈라따뚜이〉는 주방에는 절대로 존재해서는 안될 '쥐'가 역경을 딛고 일어나 프랑스 최고의 요리 비평가에게 극찬을 받는 셰프가 된다는 이야기를 다루고 있습니다.

그래서 제가 하고 싶은 말은 이것입니다.
'Anyone can invest!'
주식 투자는 '강철 멘털'을 지닌 투자의 고수들만 할 수 있는 것이 아닙니다.
'유리 멘털'인 저도 하고 있습니다.
저는 주식 투자의 고수가 아닙니다.
자본주의 시스템 아래에서 경제적 자유를 찾기 위해 '주식 투자'는 선택이 아닌 필수입니다.

하지만 '꼭' 해야 한다면 '제대로' 해야 합니다.

저는 일반적이고 평범한 주식 투자자도 '잃지 않는 안전한 주식 투자'를 할 수 있는 방법이 있음을 증명하고 싶은 '전문가'가 아닌 '경험자'입니다.

백문이 불여일견!

'세븐 스플릿 실전 공개 투자'를 시작합니다.

종목 선정, 매수에서 매도까지 글로는 설명하기 힘든, 글로는 이해하기 어려운 '실전 투자 과정'을 모조리 보여드립니다.

벌면 버는 대로, 깨지면 깨지는 대로 '두루뭉술 수익률'만이 아닌 '1원 단위' 하나까지 날것 그대로를 온전하게 모두 공개합니다.

〈실전 공개 투자 진행 방법〉

1. '세븐 스플릿'으로 주식 투자를 합니다. (개인 모바일 메신저를 통해 거래 내역 실시간 알림)
2. 최소 5분, 최대 30분 이내로 매수, 매도, 거래 시간, 거래 금액 1원 단위까지 모두 '모자이크 없는 MTS 캡처 이미지'로 공개합니다.
3. 목표는 연간 4% 이상의 배당 수익 구조 세팅과 연간 10% 이상의 수익률입니다. (경제적 자유를 위한 투자 자산 세팅 & 초과수익)

성공하면 교육 다큐, 실패하면 코믹 예능…

그 어떤 결과가 나오더라도 '흥미로운', '배울 만한 것'이 되기에 충분할 것입니다.

"세 사람이 길을 같이 걸어가면 반드시 내 스승이 있다.
좋은 것은 본받고 나쁜 것은 살펴 스스로 고쳐야 한다."
- 공자

똑같은 종목을 똑같이 따라 사면 되지 않을까?
종목 리딩 못 합니다.
종목 볼 줄 모릅니다.
그래서 '세븐 스플릿'이 만들어졌습니다.

"적당한 종목을 적당한 가격에 사라."
- 경자

투자의 방법은 참고하되, 투자한 종목은 거르세요.

공개 투자의
연도별 성과

이렇게 시작한 공개 투자의 결과를 연도별로 분석해 소개
하겠다.

2020년

항목		내용	비고
기간		2개월	2020년 11~12월
원금(만 원)		4,000	
평균 잔액(만 원)		2,000	
수익(만 원)		121	
수익률 (%)	원금 기준	3.03	
	평잔 기준	6.05	
	시장(코스피지수)	22.61	2,300~2,820

2020년 11월 공개 투자를 시작하자마자 시장이 크게 상승했다. 안타깝게도 세븐 스플릿은 분할 매수를 기본 전략으로 삼는지라 시장의 상승을 온전히 누리지 못했다. 이것은 세븐 스플릿의 몇 안 되는 약점 중 하나다. 시장이 크게 하락하는 상황이었다면 분할 매수 전략으로 낮은 가격에 주식을 매수했을 것이다.

세븐 스플릿은 상승장에서 수익을 극대화하는 데는 약하지만 하락장에서 잃지 않고 안전하게 투자하는 데는 강하다. 실제로 2022년 9월 코스피지수는 2,170까지 하락해서, 투자를 시작했을 때보다 130포인트나 하락했다. 맹목적인 장기 투자로 접근했다면 큰 수익은커녕 손실 상황에까지 내몰릴 수도 있었다는 얘기다.

2021년

항목		내용	비고
기간		1년	2021년 1~12월
원금(만 원)		10,600	
평균 잔액(만 원)		5,300	
수익(만 원)		517	
수익률 (%)	원금 기준	4.88	
	평잔 기준	9.75	
	시장(코스피지수)	1.12	2,944~2,977

2021년 7월 3,185까지 상승했던 코스피지수는 이후 하락을 거듭해서 2,977로 마감했다. 세븐 스플릿은 수익금이 크지는 않았지만 분할 매수와 분할 매도를 통해 꾸준히 수익을 실현한 덕분에 수익률이 시장 수익률을 크게 상회했다.

2022년

항목		내용	비고
기간		1년	2022년 1~12월
원금(만 원)		17,000	
평균 잔액(만 원)		13,000	
수익(만 원)		-361	
수익률 (%)	원금 기준	-2.12	
	평잔 기준	-2.78	
	시장(코스피지수)	-23.72	2,989~2,280

세븐 스플릿

2022년은 주식 투자자에게 악몽과도 같은 해였다. 코스피지수는 2,989로 시작해서 2,280까지 폭락해 시장 수익률이 무려 -23.72%를 기록했다.

그러나 세븐 스플릿은 이 폭락장에서 진가를 드러냈다. 수익은 내지 못했지만 손실률이 시장보다 7배 이상 낮아서, 잃지 않는 안전한 투자를 이어갈 수 있었으니 말이다.

2023년

항목		내용	비고
기간		10개월	2023년 1~10월
원금(만 원)		15,000	
평균 잔액(만 원)		14,000	
수익(만 원)		2754	
수익률 (%)	원금 기준	18.36	
	평잔 기준	19.67	
	시장(코스피지수)	2.70	2,218~2,278

2023년은 1월부터 10월까지 10개월간 투자를 진행했다. 이 기간 동안 시장은 2,218에서 2,278포인트로 횡보했다. 시장 수익률은 2.7%에 불과했지만 세븐스플릿은 시장 수익률의 7배가 넘는 초과수익을 내서 기대를 뛰어넘었다. 수익률 200% 이상을 달성한 포스코인터내셔널 등의 장기

투자 수익이 주효했다.

세븐 스플릿이 분할 매수와 분할 매도를 통해 현금흐름을 만들어가며 시간을 무기로 하는 것은 결국 장기 투자, 가치투자를 견뎌내기 위한 것임을 증명했다.

3년 종합

항목		내용	비고
기간		3년	2020년 11월~2023년 10월
원금(만 원)		12,000	
평균 잔액(만 원)		9,500	
수익(만 원)		3031	
수익률 (%)	원금 기준	25.25	
	평잔 기준	31.90	
	시장(코스피지수)	-0.90	2,300~2,278

공개 투자를 진행한 3년간의 코스피 수익률은 놀랍게도 -0.9%였다. 이런 상황에서는 주식 투자자 대부분이 수익을 내기는커녕 손실을 어떻게 복구할지 전전긍긍했을 것이다.

그러나 세븐 스플릿의 관점에서는 하늘이 준 기회인가 할 정도로 신기한 수치였다. 3년 시장 수익률을 -0.9%가 아니라 1%로 잡더라도 시장 수익률의 30배가 넘는 엄청난 초과수익을 얻은 것이다.

전혀 특별하지 않고 적당한 회사에 투자했는데도 이런 성과를 얻을 수 있었던 것은 전혀 특별하지 않은 분할 매수, 분할 매도 전략 덕분이라는 사실을 주목해야 한다.

종목별 투자 사례 분석 1
: 삼성전자우

"탁월한 회사를 적당한 가격에 사라."

워런 버핏의 조언이다.

"적당한 회사를 탁월한 가격에 사라."

버핏의 조언에 빗대어 어느 투자 고수가 해준 조언이다.

안타깝게도 나를 포함해 평범한 일반인들은 탁월한 회사가 어디인지, 탁월한 가격이 얼마인지 알기 어렵다. 우리가 할 수 있는 일은 '적당한 회사를 적당한 가격에 사는 것' 뿐이다. 안타깝게도 그렇게 투자하면 아주 잘하더라도 시장 수익률 정도의 적당한 수익을 기대할 수밖에 없다. 투자 결과를 시장의 흐름에 맡기니 일명 '기도 매매'라는, 운에 기대는 투자를 하게 되는 것이다.

이 문제를 해결할 방법은 있다. 적당한 회사를 적당한 가격에 사서 '탁월한 방법으로 투자'하는 것이다. 삼성전자는 누가 봐도 '적당한 회사'다. 일반 투자자는 가치 평가, 즉 밸류에이션이 불가능하기 때문에 '탁월한 가격'이 얼마인지 알기 어렵다.

내가 공개 투자를 시작했을 때도 상황은 다르지 않았다. 삼성전자가 투자하기에 적당한 회사라는 것은 어렵지 않게 알았지만 주가가 얼마일 때 사는 것이 좋을지는 몰랐기 때문에 적당한 가격에 살 수밖에 없었다.

불행하게도 내가 적당하다고 판단했던 그 가격은 탁월한 가격이 아니었을 뿐만 아니라 적당한 가격도 아니었다. 주식은 내가 사면 내리고 내가 팔면 오른다는 자연의 섭리

종목별 매매내역

삼성전자우	▼

손익금액			매도금액	
제비용		120	매수금액	2,988,000

매매일	실현손익	금액	수수료
매매구분	손익률	수량	세금
2021.10.05		2,988,000	1
현금매수		45	

1번 계좌 최초 매수

세븐 스플릿

삼성전자우 주가 추이(2021/07~2023/11)

▼최고 75,400(-24.14%)

74,298

70,760,

67,222

63,684

60,146

57,200

38,070

49,532

▲최저 46,300(23.54%)

45,994

를 거스르지 말라며 경고라도 하듯, 2021년 10월 5일에 주당 6만 6,400원에 산 삼성전자우 주식은 약 1주일 후 6만 4,000원까지 하락했다.

운 좋게 약 2개월 후 주가가 반등해서 수익률 8%인 7만 2,000원 선까지 상승했다. 300만 원을 투자해 수익 25만 원을 얻을 상황이 되었다. 2개월이라는 짧은 투자 기간을 고려하면 꽤 좋지만, 가치투자를 통해 더 큰 수익을 얻고 싶었던 나는 수익을 실현하지 않고 보유하기로 했다.

하지만 주식은 내가 팔면 오르듯, 내가 팔지 않으면 내린다. 이후 삼성전자우 주식은 단 한 번도 매수가 위로 올라가지 못했고 2023년 11월 현재 주가는 5만 6,600원이다.

종목명 ⇕	평가손익 ⇕	잔고수량 ⇕	평균매입가 ⇕
구분 ⇕	수익률 ⇕	평가금액 ⇕	현재가 ⇕
삼성전자우	-446,323	45	66,400
현금	-14.94%	2,547,000	56,600

1번 계좌의 평가손익

2021년 10월에 매수한 1번 계좌는 2023년 11월 현재 15% 손실을 내서 평가 손실 금액은 45만 원에 가깝다.

종목명 ⇕	평가손익 ⇕	잔고 ⇕	매입가 ⇕
	수익률 ⇕	평가금액 ⇕	현재가 ⇕
삼성전자우	-273,600	48	62,300
	-9.14%	2,716,800	56,600

종목명 ⇕	평가손익 ⇕	잔고 ⇕	매입가 ⇕
	수익률 ⇕	평가금액 ⇕	현재가 ⇕
삼성전자우	-36,400	52	57,300
	-1.22%	2,943,200	56,600

2번과 3번 계좌의 평가손익

추가 매수한 2번 계좌와 3번 계좌도 27만 원과 4만 원 정도의 평가 손실 상황이다. 3개 계좌의 평가 손실 합계는 76만 원이다. 적당한 주식을 적당한 가격에 사서 시장의 흐름과 운에 기댄 투자의 결과는 이런 것이다.

세븐 스플릿

하지만 주가가 하락하는 동안 세븐 스플릿은 하부 계좌에서 계속 추가 매수와 수익 실현을 했고 결과는 이렇다.

종목별 매매내역

삼성전자우 ▼

손익금액	156,760	매도금액	9,075,100
제비용	22,930	매수금액	11,886,100

매매일	실현손익	금액	수수료
매매구분	손익률	수량	세금
2021.10.25		2,939,400	2
현금매수		46	
2021.10.26	29,376	2,976,200	2
현금매도	0.99%	46	6,8
2022.03.08		3,000,000	3
현금매수		48	
2022.03.10	69,124	3,076,800	3
현금매도	2.30%	48	7,0
2022.03.15		2,956,300	2
현금매수		47	
2022.03.17	58,260	3,022,100	3
현금매도	1.97%	47	6,9
2022.04.06		2,990,400	2
현금매수		48	

2번 계좌 수익 실현: 15만 6,760원

종목별 매매내역

삼성전자우 ▼

손익금액	292,408	매도금액	15,298,100
제비용	35,964	매수금액	20,846,200

매매일	실현손익	금액	수수료
매매구분	손익률	수량	세금
2022.04.15		3,000,000	3
현금매수		50	
2022.04.21	42,385	3,050,000	3
현금매도	1.41%	50	7,0
2022.04.25		2,995,000	2
현금매수		50	
2022.05.18	47,395	3,050,000	3
현금매도	1.58%	50	7,0
2022.06.13		2,995,200	2
현금매수		52	
2023.03.08		2,964,500	2
현금매수		55	
2023.05.19	92,168	3,162,500	3
현금매도	3.00%	55	6,3
2023.07.10		2,942,700	2
현금매수		51	
2023.07.11	49,523	2,998,800	2
현금매도	1.68%	51	5,9
2023.07.26		2,969,200	2
현금매수		52	
2023.07.27	60,937	3,036,800	3
현금매도	2.05%	52	6,0
2023.08.03		2,979,600	2
현금매수		52	

3번 계좌 수익 실현: 29만 2,408원

6장 한 단계 더 진화된 세븐 스플릿

종목별 매매내역

삼성전자우			▼
손익금액	364,297	매도금액	21,079,100
제비용	48,711	매수금액	17,862,700

매매일	실현손익	금액	수수료
매매구분	손익률	수량	세금
2022.04.27		2,958,000	2
현금매수		51	
2022.04.29	58,755	3,024,300	3
현금매도	1.98%	51	6,9
2022.06.20		2,986,200	2
현금매수		54	
2022.07.18	51,806	3,045,600	3
현금매도	1.73%	54	7,0
2022.08.30		2,997,500	2
현금매수		55	
2022.11.08	52,877	3,058,000	3
현금매도	1.76%	55	7,0
2022.12.07		2,964,500	2
현금매수		55	
2023.01.10	42,882	3,014,000	3
현금매도	1.44%	55	6,0
2023.04.10	55,799	2,865,200	2
현금매도	1.99%	52	5,7
2023.08.17		2,992,000	2
현금매수		55	
2023.09.01	48,317	3,047,000	3
현금매도	1.61%	55	6,0
2023.10.04		2,964,500	2
현금매수		55	
2023.10.11	53,861	3,025,000	3
현금매도	1.81%	55	6,0

4번 계좌 수익 실현: 36만 4,297원

종목별 매매내역

삼성전자우			▼
손익금액	192,254	매도금액	12,089,200
제비용	29,246	매수금액	11,867,700

매매일	실현손익	금액	수수료
매매구분	손익률	수량	세금
2022.06.21		2,959,000	2
현금매수		55	
2022.06.27	41,999	3,008,500	3
현금매도	1.41%	55	6,9
2022.07.01		2,958,300	2
현금매수		57	
2022.07.07	49,476	3,015,300	3
현금매도	1.67%	57	6,9
2022.09.05		2,998,200	2
현금매수		57	
2022.10.26	49,389	3,055,200	3
현금매도	1.64%	57	7,0
2022.12.29		2,952,200	2
현금매수		58	
2023.01.04	51,390	3,010,200	3
현금매도	1.74%	58	6,0

5번 계좌 수익 실현: 19만 2,254원

종목별 매매내역

삼성전자우 ▼

| 손익금액 | 70,359 | 매도금액 | 3,066,000 |
| 제비용 | 7,641 | 매수금액 | 2,988,000 |

매매일	실현손익	금액	수수료
매매구분	손익률	수량	세금
2022.09.23		2,988,000	2
현금매수		60	
2022.10.05	70,359	3,066,000	3
현금매도	2.35%	60	7,0

6번 계좌 수익 실현: 7만 359원

계좌별 매수 가격 추이

2번 계좌	3번 계좌	4번 계좌	5번 계좌
63,900	60,000	58,000	53,800
62,500	59,900	55,300	51,900
62,900	57,600	54,500	52,600
62,300	53,900	53,900	50,900
	57,700	54,400	
	57,100	53,900	

* 3번 계좌의 4번째 매수는 계좌를 잘못 선택한 터라 4번 계좌로 이동함.

　2~6번 계좌의 수익 총 107만 원에서 1~3번 계좌의 평가 손실 76만 원을 공제하면 총수익은 31만 원이다. 참고로 3% 수준의 분기 배당 수익은 포함하지 않았다.

　2021년 10월에 투자해서 지금까지 쭉 '매수 후 보유'로 투자했다면, 주가가 한때 4만 6,000원까지 하락해서 투자금이 30% 넘게 줄어드는 고통을 감수해야 했고 현재 15% 손실 상태다. 또는 2021년 12월 7만 2,000원에 매도했다면 수익 25만 원을 냈다. 그러나 세븐 스플릿은 그보다도 수익이 많았다.

　물론 세븐 스플릿으로 투자금을 분산하지 않고 총액을 한 방에 사서 가장 좋은 가격에 몽땅 팔았다면 수익이 더 컸겠지만, 우리 일반 투자자는 시장 흐름을 예측할 수 없으니 위험이 너무 크다. 워런 버핏의 말처럼 투자의 제1 법칙은 '절대 잃지 말라'가 되어야 한다.

우리는 투자의 전문가도, 고수도 아니다. 그저 적당한 주식을 적당한 가격에 살 수밖에 없는, 일반적이고 평범한 사람들이다. 어떤 회사가 망하지 않을 가능성의 가치가 높다는 것 정도는 과거 재무 데이터를 통해 가늠할 수 있지만, 주가가 오를지 내릴지 판단하기란 불가능에 가까울 정도로 어렵다.

하지만 내리면 사고 오르면 파는 것 정도는 바보만 아니라면 충분히 할 수 있다. 예측은 못 하지만 대응은 가능하다는 얘기다.

종목별 투자 사례 분석 2
: 포스코인터내셔널

아버지는 몇 년째 사업을 하고 있다. 하지만 돈을 벌어 오기는커녕 쓰기만 한다. 언젠가 사업이 크게 성공한다면 큰돈을 벌지 몰라도, 성공에 이르기까지의 과정은 고통스럽기만 하다.

　맹목적인 장기 투자는 아버지의 사업과 많이 닮았다. 원대한 희망을 품게 하지만 냉정한 현실도 공존한다. 그리고 우리가 이미 잘 알듯 아버지가 하는 사업은 실패하는 경우가 많다.

　아버지가 사업을 접고 다시 월급쟁이가 되기로 결심하는 것은 냉혹한 현실에 굴복했기 때문이다. 하지만 가족들이 온 힘을 모아 아버지를 돕는다면 성공 가능성이 높아진다. 아버지를 돕는 방법은 냉혹한 현실이 최악으로 몰리지 않게 하는 것이다.

　1번 계좌는 언제 성공할지 기약 없는 아버지의 사업처럼 회사와 동행하며 장기 투자, 가치투자를 한다. 아버지의 자식들, 그러니까 2번, 3번, 4번, 5번, 6번, 7번 계좌는 단기 트레이딩으로 아르바이트를 해서 번 돈으로 아버지를 돕는다. 2번 이하 계좌들이 얻은 단기 투자 수익은 1번 계좌의 고통을 극복하기 위한, 그러니까 최악의 상황을 피하기 위한 노력의 일환이라는 얘기다.

　앞서 소개한 삼성전자우의 투자 사례를 보면 세븐 스플릿이 '잃지 않는 안전한 투자'는 가능할지 몰라도 투자의 가장 큰 목적이자 목표인 '수익률'은 별로라고 생각할 수 있다. 그러나 삼성전자우의 투자는 아직 끝나지 않았다. 아직 접지 않은 아버지의 사업처럼 여전히 진행 중이다.

그리고 그 과정은 어렵지도, 외롭지도 않다. 살펴보았듯이 전체적으로 수익이 난 상황이기 때문이다. 자식들의 아르바이트 수입이 아버지의 손실을 넘어서면 생기는 일이다. 아버지는 사업이 성공할 때까지 멈추지 않을 것이다.

삼성전자우의 세븐 스플릿 투자 사례가 진행 중이라면, 이제 소개할 포스코인터내셔널 투자는 성공적으로 완료한 사례다. 오른쪽에서 4번 계좌부터 2번 계좌까지 차례로 살펴보자.

여기까지만 보면 성공 사례라고 하기에는 수익이 고만고만해 보일지 모른다. 푼돈 벌려다 큰돈 날릴 수 있는 투자법이라고 폄훼하는 사람도 있다. 나는 평가 손실을 견뎌내야 하는 이유와 투자 손실을 최소화하기 위한 방법을 얘기하는데, 그는 은행 이자와 기회비용 따위를 들먹인다. 투자는 원래 한강 물의 온도를 걱정해야 할 만큼 극단의 위험이 도사린 일인데, 잠깐 넘어져서 무릎이 까졌다고 징징대는 꼴이다.

사실 여기까지는 아버지의 사업을 성공시키려고 노력하는 가족들의 아르바이트 수익일 뿐이었다. 아버지가 사업

종목별 매매내역

포스코인터내셔널 ▼

손익금액	93,102	매도금액	3,091,200
제비용	7,698	매수금액	2,990,400

매매일	실현손익	금액	수수료
매매구분	손익률	수량	세금
2022.07.06		2,990,400	2
현금매수		168	
2022.07.08	93,102	3,091,200	3
현금매도	3.11%	168	7,1

4번 계좌 수익 실현: 9만 3,102원

종목별 매매내역

포스코인터내셔널 ▼

손익금액	47,697	매도금액	3,049,400
제비용	7,603	매수금액	2,994,100

매매일	실현손익	금액	수수료
매매구분	손익률	수량	세금
2022.07.01		2,994,100	2
현금매수		158	
2022.07.19	47,697	3,049,400	3
현금매도	1.59%	158	7,0

3번 계좌 수익 실현: 4만 7,697원

종목별 매매내역

포스코인터내셔널 ▼

손익금액	289,251	매도금액	15,285,450
제비용	38,099	매수금액	14,958,100

매매일	실현손익	금액	수수료
매매구분	손익률	수량	세금
2021.11.10		2,989,600	2
현금매수		148	
2021.11.12	44,215	3,041,400	3
현금매도	1.47%	148	6,9
2021.11.17		2,982,200	2
현금매수		148	
2021.11.23	66,382	3,056,200	3
현금매도	2.22%	148	7,0
2021.11.24		2,994,900	2
현금매수		149	
2021.11.25	74,288	3,076,850	3
현금매도	2.48%	149	7,0

2번 계좌 수익 실현: 28만 9,251원

에 성공하면 어떤 일이 벌어지는지를 1번 계좌의 투자 수

익률과 포스코인터내셔널 주가 차트에서 확인해보자.

아버지는 사업에 보란 듯이 성공했고 멋지게 엑시트(exit)

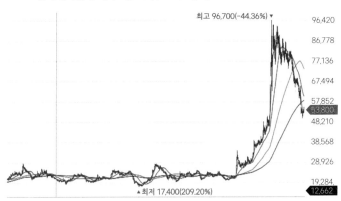

종목별 매매내역			
포스코인터내셔널			▼
손익금액	6,178,090	매도금액	9,179,100
제비용	18,740	매수금액	
2021.11.03		2,982,150	1
현금매수		141	
2023.07.24	6,178,090	9,179,100	3
현금매도	207.16%	141	18,3

1번 계좌 수익 실현: 617만 8,090원

포스코인터내셔널 주가 추이(2021/07~2022/11)

최고 96,700(-44.36%) ▼

96,420
86,778
77,136
67,494
57,852
53,800
48,210
38,568
28,926
19,284
12,662

▲ 최저 17,400(209.20%)

세븐 스플릿

해서 가족들과 오래오래 행복하게 살았다는 얘기다. 은행 이자를 포기하고 기회비용을 날린 대가치고는 나쁘지 않은 결과다.

물론 모든 투자 종목이 이런 해피엔딩을 맞는 것은 아니다. 포스코인터내셔널만 해도 2021년 11월 2만 1,150원에 매수하고 8개월 만에 1만 7,400원까지 하락해 무려 18% 손실 상황에 처했던 적이 있다. 아버지의 사업이 바람 앞의 촛불이고 가족들 상황도 암울하기는 마찬가지인 종목도 있다. 하지만 세븐 스플릿은 실패하더라도 분할 매수하지 않았을 때에 비해 타격이 적을 수 있다는 점에서 '잃지 않는 안전한 투자'다.

세븐 스플릿으로 투자하면
좋은 종목

세븐 스플릿은 원래 달러 투자를 효과적으로 하기 위해 고안한 방법이었다.

원/달러 환율은 특정 자산의 가치를 측정하는 '가격'이 아니라 원화와 달러의 '교환 비율'이다 보니 하방과 상방이 닫혀 있는 구조다. 원/달러 환율이 아무리 하락해도 지난 50년 동안 가장 낮은 수준인 700원 이하로 하락하기는 어렵고, 가장 높은 수준인 1,700원 이상으로 상승할 가능성 또한 매우 낮다.

게다가 가격 흐름이 매우 안정적이라는 특징도 가지고 있다. 하루 평균 5~6원 정도 변동하니, 50년간의 중간 환율인 1,200원을 기준으로 하면 일 변동 폭이 0.4~0.5% 수준에 불과하다. 물론 10~20원씩 오르내리는 날도 있지만 매우 특별한 경우이고, 그렇더라도 변동 폭은 1~2% 정도에 지나지 않는다. 주가의 하루 평균 변동 폭에 비하면 매우 안정적이다.

대신 원/달러 환율은 움직임이 매우 활발하다. 몇 분에도 1~3원 정도는 쉽게 오르락내리락한다. 그래서 나는 환율 변동성을 '작지만 잦다'라고 표현한다.

이러한 특징들을 통해 찾은 가장 좋은 달러 투자법이 바로 세븐 스플릿이다. 가격 하방이 닫혀 있고 변동 폭도 작기 때문에, 가격이 하락할 때마다 추가 매수하고 비교적 큰 금액을 투자해도 그리 위험하지 않다. 가격 상방 역시 닫혀 있고 변동이 잦기 때문에 장기 투자보다는 사고파는 횟수를 늘려 복리 수익을 만들어내는 단기 트레이딩이 더 적합하다.

그리고 지난 6년간 세븐 스플릿으로 달러 투자를 해본 결과, 단 1원도 잃지 않는 안전한 투자가 가능하다는 것을 경험했고 공개 투자를 통해 많은 사람에게 증명해 보이기도 했다. 환율이 1,200원 아래일 때, 손절매를 하지 않는 세븐 스플릿으로 내리면 나누어 사고 오르면 나누어 팔기를 반복하는 것만으로 누구든지 충분히 성공할 수 있다.

세븐 스플릿으로 달러 투자를 하면서 이 시스템이 투자 성패에 매우 중요한 축을 이루는 '멘털 관리'에 아주 유용하다는 것을 알게 되었고 주식 투자에도 활용해보기로 했다. 하지만 주식은 환율과는 성격이 다른 부분들이 있어서 몇 가지 규칙을 조정해야만 했다.

먼저 주가는 원/달러 환율과 달리 하방이 열려 있고 상방도 열려 있다. 바닥 밑에 지하실이 있다는 말처럼 주가는 바닥을 알 수 없고 심지어 상장폐지로 인해 '제로'에 수렴할 수도 있다. 그래서 달러 투자에서는 무제한에 가깝게 해도 문제가 되지 않았던 추가 매수를 주식 투자에서는 일곱 번으로 제한하기로 했다. 달러 투자에는 '무한 스플릿' 구조였는데 주식 투자에서는 '세븐 스플릿'이라는 이름을 갖게 된 히스토리다.

물론 개인마다 전략에 따라 추가 매수를 열 번이든 스무 번이든 수정하는 것도 괜찮다. 중요한 것은 횟수가 얼마이든 '무제한'이 아니라 '계획에 의해 미리 정해진 것'이어야 한다는 부분이다. 미리 정해두지 않으면 매수가 추가될 때마다 투자금이 늘어나 위험성 또한 커지는 결과를 가져오기 때문이다.

그리고 이보다 더 중요한 것은 가격 하방이 닫혀 있는 종목에 투자해야 한다는 것이다. 달러처럼 가치가 소멸되지 않을 만한 주식에 투자해야, 제한된 추가 매수를 하더라도 위험을 더욱더 줄일 수 있다.

3장에서 살펴본 PER, PBR, ROE 등의 재무지표들을 확인하는 것은 물론 재무제표를 통해 '돈 잘 벌고, 빚 적고 현금 많고, 배당 잘 주는 회사'인지를 검증해야 한다. 적어도 최근 5년 동안 매출과 영업이익이 꾸준히 증가한 회사, 부채 비율은 작고 유동 비율과 유보율은 높으며 배당금 또한 꾸준히 증가한 회사, 그러니까 적어도 '망하지 않을 만한 회사'에 투자해야 한다.

이러한 확인과 검증을 거쳐 투자하더라도 위험성은 여전히 도사리고 있다. 과거는 확인과 검증이 가능하지만 미래까지는 알 수 없으니 말이다. 그래서 그 위험성을 최소화하기 위해 20개 종목 이상으로 '분산투자'를 하기로 한 것이다.

요약하면 우량 회사 여러 곳에 분산해서 투자하고, 주가가 하락할 때마다 미리 계획해둔 횟수로 나누어 매수함으로써, 가격 하방성이 열려 있다는 위험을 해소하고자 했다.

주식이 환율과 다른 점은 또 있다. 환율은 가격의 상방이 하방처럼 닫혀 있지만, 주가는 상방이 하방처럼 열려 있다. 1981년 1월 1일 0.13달러였던 애플의 주가가 액면 분할 등의 주식 수 변동을 고려하지 않더라도 2023년 11월 현재 200달러에 가깝고 앞으로도 얼마나 더 상승할지 모르는 상황이니 '가격 상방이 열려 있다, 주가가 우상향한다' 같은 말들의 의미를 충분히 이해할 것이다.

따라서 상방이 열려 있는 주식에 일반적인 방법으로 투자한다면 단기 트레이딩보다는 장기 투자가 더 좋은 수익률을 보장해준다. 그래서 세븐 스플릿에는 한 가지 규칙을 추가하기로 했다. 첫 번째 투자는 가치투자를 기반으로 해서 시간을 무기로 한 장기 투자를 하기로 말이다. 물론 이후의 추가 매수 계좌는 달러 투자 때처럼 내리면 나누어 사고 오르면 나누어 파는 단기 트레이딩을 병행한다.

달러 투자와 주식 투자 시의 세븐 스플릿을 비교해서 정리하면 다음과 같다.

달러 투자 vs. 주식 투자

구분	달러(원/달러 환율)	주식(주가)	주식 투자 시 세븐 스플릿 방법
가격 하방	닫혀 있음 (최저 700원 수준)	열려 있음 (상장폐지 가능성)	추가 매수 횟수를 계획에 의해 제한
가격 상방	닫혀 있음 (최고 1,700원 수준)	열려 있음 (지속적 우상향 가능성)	1번 계좌는 장기 투자로 진행
가격 변동 폭	작음	큼	가격 변동 폭이 비교적 작은 대형 우량주 위주로 투자
가격 변동	잦음	매우 잦음	투자 리스크 최소화를 위해 종목을 20개 이상으로 분산

매직스플릿으로 하는
세븐 스플릿

요즘 세상은 몰라서 실패하는 일이 많지 않다. 배울 방법이 차고 넘치기 때문이다.

하지만 아는 것과 하는 것은 큰 차이가 있다. 유튜브 영상으로 백종원의 김치찌개 레시피를 배워서 그대로 끓였는데 왜 이렇게 맛이 없을까? 볼 때는 쉬운데 막상 해보니 잘 안 된다.

투자가 특히 그렇다. 고수들에게 배운 대로 주가가 하락하면 더 사야 한다는 것을 아는데도 공포에 질린 마음은 이미 매도 버튼에 가 있다. 그러다 보니 '그때 살걸… 그때 팔걸…'같이 후회의 '걸'만 되뇌는 '걸무새'가 되는 게 보통이다. 투자에서 지식보다 더 중요한 멘털에 문제가 있는 것이다.

인간의 멘털은 너무나도 나약해서 머리가 시키는 일을 마음이 거부하는 일이 반복되다 보면 투자를 망치는 경우가 많다. 이럴 때 필요한 것이 바로 마음을 컨트롤하는 시스템이다.

나는 폭락장이 오히려 반가울 때도 많다. 예전에는 오르기만을 바랐는데 이제는 내리기를 바라기도 한다. 나누어 사고 나누어 파는 것만으로도, 투자를 망치게 하는 못된 마음을 다스릴 수 있다.

투자는 '싸게 사서 비싸게 팔아야 하는 일'인데, '내가 사면 내리고 내가 팔면 오르는 일'이 더 많기에 실패할 가능성 또한 높다. 나누어 사고 나누어 파는 것은 이를 해결하는 데 가장 효과적이고 좋은 방법이다.

내가 경험한 세븐 스플릿은 어마어마하고 드라마틱한 수익을 얻기에는 약간 부족하지만 적어도 잃지 않는 안전한 투자를 하기에는 더없이 좋다. 투자는 비범한 사람이 승리하는 승자의 게임이 아니라 실수가 적은 사람이 승리하는 패자의 게임이기에, 하락장에서도 흔들리지 않는 멘털과 '평생 현금이 마르지 않는 수익'이 필요하다.

하지만 투자 경험이 적다면 세븐 스플릿을 실행하는 것도 생각처럼 쉽지 않다. 내리면 사고 오르면 파는 기계적인 대응이 필요하다는 사실을 머리로는 잘 알지만, 내리면 무섭고 오르면 욕심이 나서 생각처럼 잘되지 않는 것이다. 그래서 누구나 세븐 스플릿을 할 수 있도록 도와주는 '매직스플릿'을 만들게 되었다.

사람은 고쳐 쓰는 게 아니지만 환경은 바꿀 수 있고 그렇게 바뀐 환경은 사람을 바꾸기도 한다. 지각하지 않겠다는 의지는 늦잠을 이기지 못하지만 간단한 알람만으로도 깊은 잠에서 깨어나게 되듯, '기계적인 대응'을 하지 못한다면 '기계가 대응'하게 만들면 된다.

인간은 폭락 상황에서는 공포로 추가 매수를 망설이고 수익 실현 상황에서는 탐욕으로 매도를 주저하게 되지만, 기계는 이 문제를 어렵지 않게, 아니 아주 쉽게 극복한다. 인간의 멘털로는 제어하지 못하는 어려운 일도, 멘털 자체가 존재할 리 없는 기계가 대신 하면 전혀 복잡하지 않고 쉬운 일이 된다.

매직스플릿의 가장 기본적인 기능은 계좌 하나를 여러 개처럼 나누어주는 것이다. 매직스플릿을 만들기 전에는 세븐 스플릿을 하기 위해 먼저 계좌를 여러 개 만들어야 했다. 하지만 매직스플릿은 계좌가 하나만 있어도 일종의 가상 계좌처럼 여러 개로 '스플릿'해준다.

다음으로 중요한 기능은 자동 분할 매수와 자동 분할 매도다. 투자자가 특정 종목에 대해 최초, 혹은 이전 매수가보다 몇 % 하락하면 추가 매수할지 정해놓으면 폭락의 공포 따위는 개입할 틈이 없다. 매직스플릿이 투자자의 계획에 따라 미리 정한 대로 추가 매수를 진행하기 때문이다. 수익 실현도 마찬가지로 조금의 탐욕도, 주저함도 없다. 말 그대로 기계니까. 어찌 보면 내리면 나누어 사고 오르면 나누어 파는 것을 가장 확실하게 수행하는 최고의 방법이다.

'달걀을 한 바구니에 담지 말라'라는 투자 격언은 너무 유명해서 이제는 식상한 느낌마저 든다. 한마디로 분산투자를 하라는 얘기다. 그런데 가치투자자 대부분은 너무 많은 종목에 투자하는 것은 '무지에 대한 보호막일 뿐'이라며 경계하기까지 한다. 개인이 투자하며 관리하는 주식 종목은 최소 5개이지만 10개를 넘어서는 안 된다고, 절대로 '백화점식 투자'를 해서는 안 된다고 말한다. 과연 어느 장단에 춤을 춰야 하는 걸까?

소량의 쥐약을 사이다에 타 먹었더니 한 달 만에 체중이 30킬로그램 줄었다고 말하는 사람이 있다. 그대로 따라 한다면 어떻게 될까? 대부분은 다이어트는 고사하고 그냥 죽어버릴 것이다. 쥐약을 먹고 다이어트에 성공한 몇몇 사람이 존재할 수는 있다. 하지만 똑같이 했다가 죽은 사람은 몇천, 몇만 명이라면 과연 이 방법이 다이어트에 효과가 있다고 할 수 있을까?

투자 전문가나 고수들이 특별한 방법으로 성공한 것을 맹신해서는 안 된다고 말하는 것이다. 그 사람이 사기꾼이 아니고 그의 말이 모두 진짜일 수도 있지만, 그의 말대로 했다고 해서 누구나 그처럼 성공하는 것은 아니다.

IMF 같은 경제 위기에서 전 재산을 주식에 투자해 성공했다는 슈퍼개미가 있다. 그는 사기꾼이 아니다. 그리고 큰 위기 상황에서는 용기를 가져야 한다는 그의 얘기도 틀린 말은 아닐 것이다. 하지만 같은 시기에 전 재산을 주식에 투자했다가 실패한 사람은 그보다 훨씬 더 많을 것이다. 그가 그중 살아남은 운 좋은 몇몇 중 하나일 가능성 또한 배제해서는 안 된다.

쥐약을 먹고 단기간에 다이어트에 성공했다는 말은 자극적이고 솔깃하다. 하지만 야식을 끊고 매일 아침 1만 보를 걸어 장기간에 걸쳐 다이어트에 성공했다는 말은 지겹고 식상하게만 들린다. 우리가 다이어트의 목표를 달성하기 위해 해야 할 일은 쥐약을 먹는 것이 아니라, 야식을 끊을 방법 또는 매일 아침 1만 보 걷기와 유사한 효과를 좀 더 빠르고 쉽게 낼 방법을 찾는 것이다.

투자는 돈을 다루는 일이기 때문에, 일반적이고 평범한 투자자가 전문가나 고수 투자자의 얘기를 곧이곧대로 따라 했다가는 돌이키지 못할 위험에 처하게 될 수도 있다. 잘못된 정보로 인해 투자에 실패하는 것은 다이어트에 실패하거나 골프 실력이 늘지 않는 차원의 간단한 일이 아니라, 자칫하면 인생 전체가 망가질 만큼 어마어마하게 큰 일이다. 그래서 초보 투자자에게는 단기 트레이딩보다는 장기 투자를, 모멘텀 투자보다는 가치투자 같은 비교적 덜 위험한 투자를 권하는 것이다.

하지만 모두가 하는 일반적인 방법으로는 일반적이고 평범한 수익을 기대할 수밖에 없다.기본에 충실하되 사람들 대다수는 잘 모르는 나만의 무기를 가지고 있어야 특별한 수익을 얻을 수 있다.

'분할 매수, 분할 매도 전략'은 세계 최고의 투자자들이 '잃지 않는 안전한 투자법'으로 입 모아 이야기할 뿐만 아니라 이의조차 달 수 없는, 거의 유일하게 안전한 방법이다. 하지만 이를 실행에 옮기는 것은 야식을 끊고 매일 아침 운동을 하는 것만큼이나 어렵다.

세븐 스플릿은 내리면 팔고 싶고 오르면 사고 싶고 한 방을 노리는 인간의 나약한 멘털을 극복하기 위해 만든 분할 매수, 분할 매도 방법이다.

그리고 매직스플릿은 세븐 스플릿을 실행하기 위해 만든, 가장 쉽고 편안한 방법이다. 한여름 뜨거운 태양 아래에서 괴로워하며 1만 보를 걷는 것이 아니라, 에어컨이 있는 시원한 실내 러닝머신 위에서 좋아하는 예능 프로그램을 보며 재미있게 걷는 것이다.

매직스플릿으로 세븐 스플릿을 경험하고 싶다면 지금 바로 검색창에 '매직스플릿(magicsplit.com)'을 입력해보라.

공개 투자보다
더 확실한 백테스팅

"남자에게 참 좋은데 어떻게 표현할 방법이 없네."

한때 유행어가 되었을 정도로 유명한 남성용 건강기능 식품의 광고 카피다.

세븐 스플릿의 유용함을 알리고 싶었던 나도 같은 생각을 했다.

'투자자에게 참 좋은데 어떻게 표현할 방법이 없네.'

그래서 직접 보여주어야겠다고 생각했다.

공개 투자를 통해 세븐 스플릿이 어떻게 작동하는지 설명했고, 앞에서 소개한 것처럼 시장 수익률을 훨씬 웃도는 초과수익으로 증명했다.

하지만 공개 투자를 하면서 이런 얘기가 들려오기 시작했다.

"혹시 백테스팅은 해보셨나요?"

참고로 '백테스팅'은 과거 데이터를 활용해, 그러니까 과거의 주가 흐름을 통해 특정 전략의 투자 결과를 검증하는 과정이다.

안타깝게도 세븐 스플릿은 백테스팅이 불가능했다. 사

람은 정확한 타이밍에 매수하거나 매도할 수 없기 때문이다. 하지만 기계는 할 수 있다. 매직스플릿은 특정 종목이 5% 하락하면 추가 매수하고 3% 수익이 나면 매도한다는 식의 전략에 따라 기계적으로 아주 정확하게 한 치의 착오도 없이 거래한다. 이는 곧 세븐 스플릿도 백테스팅이 가능하다는 얘기였고 마침내 '퀸터스'라는 퀸트 투자 프로그램을 통해 백테스팅을 실현했다.

그렇게 나온 백테스팅의 결과는 놀랍고도 충격적이었다. 종목 거의 대부분이 매수 후 가만히 보유하는 맹목적인 장기 투자보다 훨씬 높은 수익률을 낸 것이다.

그도 그럴 것이 한국 주식시장은 코스피를 박스피라 부를 정도로 종목 대부분의 주가가 우상향하지 않고 일정 구간에서 횡보하기 때문이다. 세븐 스플릿 투자 시스템은 한국 주식시장과 궁합이 아주 잘 맞는다. 특히 대형 우량주와 은행주처럼 사업 구조가 이미 안정되어서 주가의 하방이 막혀 있지만 성장성은 둔화된 종목에서 수익률 차이가 현격했다.

예를 들어 KB금융의 주식을 매수 후 보유 전략과 매직스플릿 전략으로 투자했다고 가정하자. 매직스플릿의 추가 매수와 수익 실현의 범위는 '3% 하락 & 3% 상승'이고 10차

분할 매수로 설정한 다음 2008년 10월부터 2023년 10월까지 15년의 백테스트를 실시했다. 백테스트 결과, 매수 후 보유 전략의 누적 수익률은 13.41%에 불과하지만 매직스플릿 전략의 누적 수익률은 무려 119.93%였다.

KB금융 투자 전략별 백테스트 결과(2008/10~2023/10)

	매수 후 보유	매직스플릿
연평균 수익률(%)	0.84	5.37
누적 수익률(%)	13.41	119.93
샤프지수	0.19	0.40
소르티노지수	0.29	0.61
최대 낙폭(%)	-62.03	-38.11
변동성(%)	33.91	16.66

KB금융 투자 전략별 누적 수익률(2008/10~2023/10)

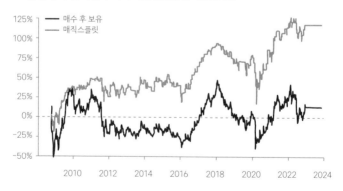

백테스팅이 가능하다는 것은 세븐 스플릿 전략을 좀 더 다양하게 구사할 수 있다는 의미이기도 하다. 추가 매수와 수익 실현의 범위로 '5% 하락 & 3% 상승'이 나을지, 아니면 '4% 하락 & 2% 상승'이 나을지 결정할 때, 감이나 기분에 따라 아무렇게나 정하지 않고 과거의 주가 흐름 패턴을 분석해 전략적으로 판단하는 참고 자료가 된다.

또 세븐 스플릿이라는 이름에 걸맞게 7번으로 나누는 것이 효과적일지, 아니면 3번 또는 10번으로 나누는 것이 더 좋을지도 체계적으로 검증하고서 투자 계획에 반영할 수 있다.

세븐 스플릿과 퀀트가 만나서, 다시 말해 매직스플릿과 퀀터스가 만나서 주관적이고 즉흥적이며 멘털에 좌지우지되는 주식 투자를, 객관적이고 계획적이며 시장 상황과 멘털에 흔들리지 않는 '잃지 않는 안전한 주식 투자'로 바꿔 놓았다. '경제적 자유를 찾아서' 가는 최고의 투자법으로 추천한다.

부록

'세븐 스플릿' Q&A

전작 《1타 7피 주식 초보 최고 계략》을 펴낸 후 내 블로그와 에프엔미디어 SNS 등 여러 경로를 통해 독자들에게 다양한 질문을 받았다. '세븐 스플릿' 카페와 유튜브 채널, 매직스플릿 홈페이지 등에서 받은 질문들도 더해서 답변을 준비했다. 독자들의 질문에 답변하는 것이어서 질문과 답변 모두 경어체로 서술했다.

책을 읽으면서 생긴 궁금증을 해소하고 현명하게 투자하는 데 도움이 되기를 바란다.

Q 1. 세븐 스플릿을 실행하려면 증권 계좌가 여러 개 있어야 하는데 증권사 한 곳에서 모두 만들 수 있나요? 아니면 증권사를 여러 개 써야 하나요?

세븐 스플릿의 핵심인 '분할 매수, 분할 매도' 전략을 시스템화하려면 증권 계좌도 분산해야 합니다. 따라서 물리적인 증권 계좌가 여러 개 있어야 합니다. 은행 한 곳에서 통장을 여러 개 만들 수 있듯이, 증권사도 한 곳에서 계좌를 여러 개 개설할 수 있습니다. 하지만 증권사에 따라 계좌 개설이 오래 걸리는 등 어려움이 있었습니다.

세븐 스플릿으로 투자하는 사람이 많아지면서 이러한 불편과 어려움을 해소하고자, 하나의 증권 계좌를 여러 개처럼 나누어주는 '매직스플릿'이라는 애플리케이션을 개발했습니다. 이를 이용하면 증권 계좌를 여러 개 개설할 필요 없이 일종의 가상 계좌가 최대 50개까지 자동으로 만들어집니다. '매직스플릿'은 공식 홈페이지(https://magicsplit.com)에서 다운받아 이용할 수 있습니다.

Q 2. 계좌별, 종목별 투자 비중은 어느 정도로 설정하나요?

좀 더 우량하거나 확신하는 종목은 비중을 높이고 그렇지 않은 종목은 비중을 낮추는 등 개인의 투자 성향과 방향에 따라 비중을 달리하는 것은 좋은 전략이 될 수 있습니다. 하지만 경험이 많지 않은 초보 투자자라면 이를 구분하기가 쉽지 않으니 균등하게 투자하는 것이 좋습니다. 예를 들어 투자금 2억 원으로 총 20개 종목에 투자한다면 한 종목당 최대 투자금은 1,000만 원이 됩니다.

 이처럼 종목별 투자 비중은 계획에 따라 미리 정하는 것이 가능하지만, 계좌별 투자 비중은 철저하게 종목별 수익에 따라 달라집니다. 예를 들어 한 종목의 투자금은 1,000만 원으로 하고 총 10번으로 나누어 매수하는 계획을 세웠다고 합시다. 최초 투자 후 5% 하락할 때마다 추가 매수한다면 어떤 종목이 50% 정도 하락하는 경우 투자금 1,000만 원이 소진됩니다. 하지만 어떤 종목은 매수하자마자 곧바로 상승해서 투자금이 100만 원에서 늘지 않습니다.

 상황에 따라 잉여 투자금은 기존 종목이 아니라 새로운 종목에 투자하는 등 투자 종목 수를 늘리는 데 이용할 수도 있습니다. 이런 구조로 투자하면 1번 계좌는 100만 원씩 투자한 종목이 20개이므로 총 2,000만 원이 투자되고, 2번 계좌는 1번 계좌에서 5% 정도 하락한 종목의 수에 따라 결정됩니다. 5% 이상 하락한 종목이 10개라면 2번 계좌의 총투자금은 1,000만 원이 되고, 3번 계좌는 2번 계좌에서 5% 이상 하락한 종목이 포함되니 2번 계좌의 총투자금보다 작아집니다.

Q 3. 2번 계좌는 언제 매수하며, 얼마나 투자하는 것이 좋은 가요?

1번 계좌에 최초로 투자한 종목이 3% 이상 하락했을 때 2번 계좌에서 매수하기를 권장합니다. 너무 빠르게 추가 매수하면 투자금이 빠르게 소진될 수도 있으니, 추가 매수의 갭을 좁히고 싶다면 횟수를 늘리거나 투자금을 줄이는 것이 좋습니다.

2번 계좌는 1번 계좌와 같은 금액을 투자하는 것이 좋습니다. 1번 계좌의 투자금이 너무 작으면 유의미한 장기 투자수익을 얻기 힘들고, 반대로 너무 크면 추가 투자를 통한 리스크 헤지가 어려워지니 이를 잘 고려해서 투자 계획을 세워야 합니다.

Q 4. 투자금이 1억 원이고 장기 투자에 4,000만 원을 배정한다면 1번 계좌에는 5%인 200만 원을 투자하게 됩니다. 이런 식으로 하면 통상 몇 종목에 투자하나요?

주가는 오르는 것을 예측할 수 없지만 내리는 것 또한 예측할 수 없습니다. 따라서 투자 계획을 세울 때는 총투자금을 몇 종목에 투자할지 정하고 나서, 한 종목을 몇 번 나누어 매수할지 정하는 것이 좋습니다.

만약 투자금 1억 원을 20개 종목에 분산투자하고 종목당 10번으로 나누어 투자한다면 종목당 투자금은 500만 원이 되고 1회 투자금은 50만 원이 됩니다. 이 계획에 의하면 1번 계좌의 투자금은 1,000만 원입니다.

최초에 매수한 모든 종목이 똑같이 하락하는 것은 아니니 시간이 지나면서 잉여 투자금이 생길 것이고, 이 잉여 투자금을 투자 종목을 늘리는 데 이용하면 자연스럽게 1번 계좌의 투자 비중이 커집니다.

하지만 처음부터 장기 투자, 곧 1번 계좌의 투자금을 4,000만 원 정도로 늘리고 싶다면 종목당 투자금은 200만 원이 되어서 추가 투자금이 상대적으로 작아지니, 추가 매수할 때는 더 적은 금액으로 여러 번 나누어 투자해야 할 것입니다.

참고로 주식 투자 경험이 많지 않은 초보는 장기 투자의 비중을 40% 이상으로 높이기를 권장합니다. 단기 트레이딩에 대한 이해가 낮은 상태에서 장기 투자보다 단기 트레이딩의 투자 비중이 더 크면, 폭락 상황에서 투자 멘털이 흔들릴 가능성이 크기 때문입니다.

Q 5. 저와 같은 월급쟁이들은 매달 추가 매수하는데 어떻게 운용해야 할까요? 예를 들어 1번 계좌에서 추가 매수를 할까요, 아니면 주가가 떨어졌을 때 2번 계좌로 매수할까요?

2번 계좌에 매수하는 것이 좋습니다. 투자 종목 증가는 이후 매수할 종목이 없을 때 하는 것을 추천합니다.

Q 6. 1번 계좌가 수익을 실현하면 같은 종목은 언제쯤 다시 매수할까요? 이미 많이 오른 상태일 텐데 다시 떨어질 때까지 기다려야 할까요?

1번 계좌에서 수익을 실현한 후에는 최초 매수가보다 낮아지기를 기다리는 것이 좋습니다. 투자할 만한 종목은 차고 넘치니 이미 수익을 얻은 종목에 미련을 가질 필요는 없습니다.

Q 7. 결론적으로 보면 1번 계좌에서 떨어질 때마다 물타기를 했다면 훨씬 더 많이 벌었을 것이고, 코로나 폭락 후 반등장에서 이뤄진 결과라서 일반화할 수 없으며, 2번 이하 계좌는 그냥 멘털 관리, 정확히 심리적 안정감을 주는 방법 정도로 보이는데 맞나요? 여기서 반대의 경우를 대입하면 하락장에서는 50번 계좌까지 하더라도 안 되는 거 아닌가요?

주가는 하방이 열려 있기 때문에, 상장 폐지 등 최악의 상황이 발생하는 것을 경계해야 합니다. 따라서 최초 투자를 계획할 때 종목당 최대 투자금을 미리 정한 후, 해당 투자금이 모두 소진되면 추가 투자를 멈추는 것이 좋습니다.

Q 8. 세븐 스플릿은 횡보장이 아닌 상승장에서는 평단가를 계속 높이는 전략이 되지는 않나요? 아니면 매수 기회를 놓치거나요.

상승장이라 하더라도 소외되거나 저평가된 주식은 반드시 있게 마련입니다. 상승장에서는 이미 투자해놓은 장기 투자의 수익 증가를 즐기는 동시에, 수익을 실현한 종목의 투자금은 새로운 종목을 발굴하는 데 이용하는 것이 좋습니다. 투자는 본래 위험성이 큰 행위여서, 최고의 수익률을 좇기보다는 최악의 상황을 피하는 방향을 선택하는 것이 좋기 때문입니다.

물론 투자 경험이 쌓이고 좋은 실력을 갖추면 좀 더 나은 수익률을 위해 리스크를 좀 더 가져갈 수는 있습니다. 세븐 스플릿은 위험하지만 최고의 수익을 얻을 수 있는 방법이 아니라, 수익은 크지 않더라도 안전하게 투자하는 방법이니, 초보 투자자나 큰 자산을 안전하게 투자하고자 하는 이에게 적합합니다.

Q 9. 일반적으로 4~7번 계좌는 돈이 쉬고 있으니 전체 자본의 수익률을 절반 정도로 줄여서 봐야 하지 않나요?

투자되어 있지 않은 돈, 그러니까 투자 대기 자금은 CMA나 발행어음 등을 통해 2~3% 정도의 수익을 얻을 수 있습니다. 나누어 사고 나누어 팔다 보면, 시장이 좋지 않을 때는 해당하지 않지만 시장이 좋을 때는 현금이 남아도니 '인플레이션이 내 돈의 가치를 매일매일 갉아먹고 있다'고 생각할지도 모릅니다.

하지만 이는 오르는 것뿐만 아니라 내리는 것에도 투자할 수 있다는 사실을 이해하지 못해서 생기는 착각입니다.

현금은 가격이 하락한 부동산에 투자할 수 있고, 폭락한 주식에도 투자할 수 있으며, 하락한 달러에도 투자할 수 있습니다. 투자를 위해 대기 중인 현금은 인플레이션 방어조차 되지 않는 보잘것없는 이자 수익을 위한 것이 아닙니다. 현금은 시장의 하락에 베팅한 '대단히 안전한 인버스 투자 상품'이라는 얘기입니다.

물론 기대와는 달리 시장이 더 많이 상승할 수도 있습니다. 따라서 시장의 상승에도 동시에 베팅해야 합니다. 시장이 좋을 때는 현금 비중을 키우고 시장이 좋지 않을 때는 현금 비중이 줄어드는 구조가, 일반적이고 평범한 사람들이 잃지 않는 안전한 투자를 할 수 있는 가장 현명한 선택이 될 것입니다.

수익률을 산정할 때 실제 투자한 자금만을 원금으로 볼지, 투자를 위해 대기 중인 현금까지 포함해 원금으로 볼지에 따라 최종 수익률은 차이가 날 것입니다. 만약 총투자금 1억 원 중 실제로 절반인 5,000만 원을 투자해 1,000만 원의 수익을 얻었다면 수익률은 20% 혹은 10%가 될 것입니다. 반대로 1,000만 원의 손실을 입었을 경우 수익률은 마이너스 20% 혹은 마이너스 10%가 될 것입니다. 결국 전자의 경우에는 나누어 투자한 것을 후회할 것이고, 후자의 경우에는 다행이라 생각할 것입니다.

안전하게 낮은 수익을 얻을지, 위험하더라도 높은 수익을 좇을지는 선택의 문제일 뿐입니다.

Q 10. 세븐 스플릿 투자의 약점은 무엇인가요?

나누어 사고 나누어 팔면 하락장에서도 투자 멘털을 지키는 데 유리할 뿐만 아니라 손실률도 낮출 수 있습니다. 하지만 반대로 상승장에서는 비교적 큰 수익을 기대하기가 어렵습니다.

이는 잃지 않는 안전한 투자를 할지, 크게 얻을 수도 있지만 위험한 투자를 할지에 대한 선택의 문제이며, 일반적이고 평범한 투자자라면 후자보다는 전자가 더 유리합니다.

주식시장에서 수익을 얻는 사람은 전체 투자자의 10%에 불과하다는 말을 상기해본다면 어떤 선택을 해야 할지도 어렵지 않게 알게 될 것입니다.

Q 11. SPY, QQQ 같은 인덱스펀드에도 적용 가능할까요?

물론 가능합니다. 종목 선정에 자신이 없다면 오히려 인덱스펀드를 추천합니다. 참고로 코스피지수나 코스피200 지수를 추종하는 ETF에 투자하면 추가로 거래세 면제 혜택도 얻을 수 있습니다.

세븐 스플릿

초판 1쇄 | 2024년 3월 20일
　　2쇄 | 2024년 5월 10일

지은이　| 박성현

펴낸곳　| 액티브
펴낸이　| 김기호
편집　　| 양은희, 오경희
기획관리 | 문성조
디자인　| 채홍디자인

신고　　| 2022년 5월 27일 제2022-000008호
주소　　| 서울시 용산구 한강대로 295, 503호
전화　　| 02-322-9792
팩스　　| 0303-3445-3030
이메일　| activebooks@naver.com
블로그　| https://blog.naver.com/activebooks

ISBN　　| 979-11-983353-4-0 (03320)
값　　　| 18,000원